Il cane è la virtù che, non potendo farsi uomo, s'è fatta bestia.
Victor Hugo

ENRICO ROLLA

Mollo l'osso

Come liberarci dai guinzagli interiori

Testi: Enrico Rolla (www.iwatson.com; www.enricorollaeducation.com)
Copertina: Cristina Cecconato acapoagency (TO) (progetto grafico e illustrazione);
Illustrazioni interne: Maurizio Galia
Impaginazione: Cristina Cecconato acapoagency (TO)

Redazione Istituto Watson Edizioni
C.so Vinzaglio 12/bis (TO)
tel. 011 5611102 fax 011 5611102
e-mail: info@iwatson.com progetti@iwatson.com
www.iwatson.com www.enricorollaeducation.com
Redazione: Renato Tomba
Segreteria di redazione: Sonya Sabbatino Istituto Watson (TO)

Stampa:
CreateSpace
CreateSpeace Indipendent Publishing Platform
www.createspace.com

Prima edizione: 2009 Milano
© by Edizioni GRIBAUDO srl con il titolo "La vita secondo Barry. Un cane ci guida sulla via della serenità"
Seconda Edizione: 2016
© Istituto Watson Edizioni - corso Vinzaglio 12/bis, Torino, 10121

Tutti i diritti sono riservati, in Italia e all'estero, per tutti i Paesi. Nessuna parte di questo libro può essere riprodotta, memorizzata o trasmessa con qualsiasi mezzo e in qualsiasi forma (fotomeccanica, fotocopia, elettronica, chimica, su disco o altro, compresi cinema, radio, televisione) senza autorizzazione scritta da parte dell'Editore. In ogni caso di riproduzione abusiva si procederà d'ufficio a norma di legge.

Prefazione

Capita spesso di sentire frasi del tipo: *"Sono fatto così! È il mio comportamento"*. Ma il comportamento non è qualcosa con cui si nasce, come l'altezza, il colore degli occhi o il colore della pelle, è una scelta. Le nostre scelte derivano dal modo di pensare che abbiamo assimilato dall'ambiente, dalle esperienze che abbiamo vissuto. Tutti questi fattori determinano i nostri *"comportamenti abituali"*.

Alcune volte siamo convinti che questi comportamenti siano immodificabili, che facciano parte del nostro modo d'essere. Quindi l'affermazione: *"Io sono fatto così e non posso farci niente"*, trova la sua giustificazione perché si ritiene che il comportamento abbia una matrice strutturale, genetica. Ma non è così. Se il nostro comportamento deriva dalle nostre credenze e dai nostri modi di pensare, allora possiamo decidere di modificarlo.

Ma quand'è che decidiamo di farlo? Quand'è che decidiamo di smettere dei comportamenti e quindi di cambiare?

Possiamo decidere di modificarci quando proviamo disagio, quando non siamo soddisfatti di come siamo e vogliamo migliorarci. Può succedere quando non riusciamo ad affrontare delle situazioni, quando ci sentiamo tristi, depressi o anche semplicemente malinconici. Ma allora se possiamo cambiare il nostro comportamento, perché non farlo? Perché non decidere di modificarlo in modo stabile, per far sì che il nostro carattere migliori?

Uno dei concetti su cui si deve fondare il cambiamento è il rapporto con gli altri.

Capire i bisogni altrui è il primo importante passo per riuscire a creare armonia tra noi e gli altri, ovvero sviluppare competenze utili per una buona socializzazione. Riuscire a trovare il giusto equilibrio tra i nostri e gli altrui bisogni è la via per creare e mantenere rapporti soddisfacenti. Ma siamo tutti consapevoli che non sempre è facile. Spesso subiamo, annullando i nostri bisogni o diventiamo aggressivi, e allora annulliamo quelli degli altri. Oggi viviamo in un ambiente sociale mutevole, che richiede la capacità di sviluppare un buon equilibrio emozionale per far fronte ai cambiamenti della vita quotidiana.

Trovare e mantenere questo equilibrio è quello che viene definito "assertività".

Durante i miei corsi di formazione pongo spesso la domanda: *"Che cosa è l'assertività?"*

Il più delle volte le persone non conoscono questo termine o danno risposte del tipo:

"È il comportamento di una persona che dice ciò che pensa .. Che è positiva... Che pensa a se stessa".

Ho ascoltato diverse definizioni e molte contengono alcune caratteristiche proprie dell'assertività.

Ma com'è una persona assertiva?

Pensate a qualcuno con cui vi trovate bene, che vi ascolti, con cui potete esprimere il vostro punto di vista, senza sentirvi giudicati che, se lo chiedete, è disponibile ad aiutarvi, ma è anche in grado di rifiutare una vostra richiesta. Credo che abbiate conosciuto qualcuno con queste caratteristiche, forse non molte persone, ma in ogni caso le ricordate benissimo.

È possibile che si tratti di qualche vostro insegnante, di un collega o di un superiore, di amici o dei genitori. Se i vostri genitori sono stati assertivi e positivi potete ritenervi fortunati perché vi hanno lasciato una importante eredità, un regalo che potrete avere sempre con voi, da poter usare in ogni momento della vita.

In ogni caso non disperatevi, con l'esercizio potrete imparare a diventare più assertivi.

Pensate invece a una persona con cui provate disagio, può essere un collega di lavoro, un amico, un vostro parente. I comportamenti che emette sono indisponenti e impositivi. Può essere il capo che alza la voce e che diventa aggressivo e colpevolizzante. Subire questi comportamenti crea disagio e può succedere che non vi sentiate in grado di gestire la sua aggressività e che vi sentiate offesi. È possibile che vi siate chiesti: *"Perché si comporta così con me?"* Ma più vi ponete domande di questo tipo, più finite col sentirvi male e, cosa peggiore, di non vedere cambiamento alcuno nell'altra persona.

Potete invece avere contatti con delle persone più remissive, passive, fin troppo disponibili. Non riuscite a capire cosa esattamente pensano. Hanno paura di sbagliare, di prendere decisioni e si sentono spesso inadeguate. Anche con queste persone si può provare disagio. Forse non così intenso come con le persone aggressive, ma in ogni caso non si sa bene come comportarsi con loro. Qualche volta hanno degli sbalzi di umore, o tendono ad arrabbiarsi. Non è facile capire il loro comportamento. Probabilmente per un po' hanno subito e poi si sono innervosite. Non riuscendo a comunicare i propri stati d'animo, i propri sentimenti, si chiudono in se stesse e diventano scontrose o tristi.

La persona assertiva riesce a mantenere uno stato d'umore costante, senza troppi sbalzi d'umore. Potete osservare invece, sia nella persona passiva che in quella aggressiva, frequenti alterazioni dello stato d'animo. Per l'aggressivo basta un nulla perché si trasformi in un "aguzzino". Può ritornare rapidamente al suo stato abituale, però in quel momento chi subisce sta male e può provare rancore o rabbia. Anche la persona passiva può creare un po' di disagio, perché se gli chiedete: *«Hai qualche problema e vuoi parlarmene?»*, è probabile che risponda: *«Non ho niente, va tutto bene».*
E se insistete si chiuderà sempre di più in se stessa.

Durante i miei corsi chiedo sempre ai partecipanti di pensare intensamente a delle persone che ritengono aggressive e di alzare la mano se riconoscono, in queste persone, alcuni comportamenti che io descrivo. Ho sempre constatato che sono d'accordo sulle caratteristiche che elenco: la persona aggressiva ritiene di non sbagliare mai, ha sempre ragione, colpevolizza gli altri, i suoi bisogni vengono prima degli altri, è sempre in competizione, si arrabbia se non ottiene un successo, non presta attenzione ai sentimenti e alle emozioni degli altri, pretende che gli altri si adattino sempre a lui.

Possiamo anche trovare altre caratteristiche, quali: quando parlate non vi ascolta e non presta attenzione ai vostri bisogni, anzi, vi parla dei suoi che reputa più importanti. Se si tratta di genitori, il più delle volte si lamentano per il comportamento dei figli che disapprovano e non condividono. Riferiscono di avere fatto qualsiasi tentativo per aiutarli e stimolarli, senza mai ottenere dei buoni risultati. Sostengono che sono così perché è il loro carattere. Come se, non ubbidire, ribellarsi ai genitori o non comportarsi come loro si aspettano sia frutto di una predisposizione genetica. Se si tratta di un coniuge, vi parlerà del proprio partner, descrivendo una serie di comportamenti inaccettabili che è perfettamente in grado di elencare. Ad esempio: non si impegna a casa, non ascolta, non è disponibile, pensa solo a se stesso.

Se avete l'opportunità di parlare con il partner di una persona aggressiva, potrà riferirvi le frasi che usa quando lo colpevolizza come, ad esempio:

«Non sei in grado di fare niente, ti ho sposato ma non pensavo tu fossi così, non sai educare i figli.» E potremmo individuarne tante altre.

Ma è realmente difficile essere una persona assertiva?

Dobbiamo ammettere che i modelli che spesso ci offre la televisione non sono di tipo assertivo. Osserviamo, ad esempio, politici, giornalisti e personaggi dello spettacolo e chiediamoci quanti di loro hanno le caratteristiche della persona assertiva che ora elenchiamo:

1. È in grado di rifiutare una richiesta e non si sente né obbligato né colpevole.
2. Esprime chiaramente i propri sentimenti, gli stati d'animo e i desideri.
3. Lavora bene con gli altri, a tutti i livelli, sia superiori che inferiori, e con i colleghi di pari grado.
4. Può anche sentirsi in disaccordo con alcune persone, ma mantiene un buon rapporto con loro e ha il loro rispetto.
5. È capace di chiedere ciò che desidera o che gli compete di diritto, senza attivarsi emotivamente.
6. Si interessa ai bisogni e ai desideri degli altri.
7. Può fare concessioni agli altri, ma senza provare imbarazzo o senso di inadeguatezza.
8. È in grado di modificare la propria opinione e di scusarsi se ha sbagliato.

Ora pensate attentamente e chiedetevi se conoscete persone così. Possiamo esercitarci utilizzando la televisione per valutare se il comportamento della persona che osserviamo presenti le caratteristiche di uno stile assertivo.

Un altro aspetto importante della persona assertiva è la positività. Se si è negativi, è impensabile avere pensieri di tipo assertivo perché si critica costantemente tutto e tutti, e ci si lamenta. La negatività genera una chiusura nei confronti degli altri e una riduzione della comunicazione.

Spesso chiedo, a chi mi ascolta, di immaginare una persona positiva e solare e pensare a come ci si trova in sua presenza. È sufficiente pensare a una persona con cui si sta bene per sorridere e migliorare l'umore.

La positività è contagiosa, come lo è la negatività. Quindi, abbiamo soltanto dei vantaggi a frequentare persone positive. Non sempre è semplice allontanare le persone negative, ma per il nostro benessere è importante riuscirci.

Nella mia pratica clinica e di formatore ho spesso utilizzato novelle e racconti per esprimere un concetto. Il potere delle storie, e in particolare di quel genere antico di storie che sono le favole, è davvero utile per imparare. Sono del resto consapevole che soltanto l'esperienza, cioè l'azione può aiutarci a modificare le nostre abitudini, a migliorare la nostra capacità di adattamento e che ai fini della nostra realizzazione è importante imparare a modificare quei pensieri negativi che ci allontanano dai nostri obiettivi. Attribuire gli insuccessi agli eventi esterni è molto facile. Ci riescono tutti. Imparare a vivere, gustando a pieno ogni momento della vita, dipende invece solo da noi.

Se riteniamo, che valga la pena passare all'azione e orientare il nostro comportamento verso l'assertività, il primo passo da fare è riconoscere il nostro comportamento.

Questo libro nella prima edizione aveva il titolo: "*La vita se-*

condo Barry. Un cane ci guida sulla via della serenità", ma ciò ha creato non pochi problemi all'editore e a me. Quando andavo nelle librerie, per vedere dove fosse collocato il mio libro, mi indirizzavano verso gli scaffali sull'addestramento canino e non nell'area dei libri di auto aiuto.

Il libro è un racconto che utilizza la metafora, uno strumento particolarmente efficace per trasmettere concetti e far presa sulla nostra parte emotiva. Per evidenziare l'importanza di saperci modificare ho pensato a una versione diversa sin dal titolo: "*Mollo l'osso! Come liberarci dai guinzagli interiori*".

Perché fare di un cane il protagonista di una storia per descrivere il comportamento assertivo dell'uomo e un approccio sereno alla vita?

Chi vive in compagnia di un cane sa come ogni cane tenda a rispecchiare il comportamento del suo padrone. La frase "*osserva il cane e capirai il suo padrone*" è vera e sta semplicemente a indicare lo stretto legame che unisce il cane all'uomo da migliaia di anni, dal tempo remoto della sua domesticazione.

Una caratteristica, che è propria di tutti i cani, è apprendere e assecondare i bisogni del padrone. Alcune razze poi, per la loro grande intelligenza e per l'altrettanto grande volontà e facilità di apprendere, sono più adatte all'addestramento, a svolgere cioè con maestria tutte le mansioni che normalmente si richiedono a un cane.

E ora parliamo di Barry, il cane della nostra storia. Quando per la prima volta ho letto la storia dei cani San Bernardo e, in particolare, quella del Grande Barry, sono rimasto affascinato per ciò che avevano fatto nei tempi passati questi grandi mastini. Ho sempre amato i cani, ho avuto dei meticci e dei cani di razza come lo schnauzer e qualunque sia stata la razza ho sempre apprezzato la dedizione che hanno nei nostri confronti.

Nel libro *Storia del soccorso coi cani in epoca classica* si racconta del Cane San Bernardo. Nel 1660 un inserviente dell'Ospizio chiamato «marronier» iniziò ad addestrare i grandi mastini delle Alpi. Questi cani diedero presto prova di un ottimo carattere e vennero addestrati al soccorso a partire dal 1750. Nel 1800, il Canonico Murith ci trasmette la sua testimonianza:

«I nostri mastini così utili ai viaggiatori sono di dimensioni straordinarie. Sono amici dei viaggiatori, abbaiano da lontano e sono affettuosi da vicino. Servono soprattutto a riconoscere, anche in profondità, le tracce del vecchio sentiero che sarebbe pericoloso abbandonare quando è ricoperto dalla neve recente, a dirigere in questo caso e in caso di nebbia i passi incerti del loro accompagnatore che va ogni giorno incontro ai viaggiatori con pane, formaggio e vino; a ricondurre sulla buona strada i viaggiatori persi nella nebbia e a tracciare la via nella neve, facilitando così al "marronier" e ai viandanti l'accesso alla montagna. I nostri cani non temono mai il freddo. La natura li veste adeguatamente al clima del loro ambiente. Nessuno come loro sa scavare la neve, anche la più compatta, per ritrovare persone sepolte».

Tra i Cani dell'Ospizio il più conosciuto è Barry I (1800-1814) che salvò oltre 40 persone.

Vasta è la letteratura su Barry e studi approfonditi sono stati compiuti per spiegare le sue facoltà quasi medianiche. Un monumento gli venne dedicato nel cimitero dei cani di Asnières a Parigi.

Forse la descrizione più pertinente di Barry è quella fatta dallo scrittore e scienziato Peter Scheitlin (1779-1848) nell'opera *Studio completo sull'istinto degli animali*: «Il miglior cane non è quello che vegliò i difensori di Corinto, né quello di Dryde, che, al cenno del suo padrone, distrusse i masnadieri, né il cane di Varsavia che balzò nel fiume dall'alto del ponte per salvare una bambina, né quello di Montargis che uccise in presenza del re l'assassino del suo padrone, né quello di Benvenuto Cellini che lo svegliò mentre cercavano di derubarlo. No. Il migliore dei cani è Barry, il santo del San Bernardo. Barry, il più grande dei cani, il più grande degli animali. Uscivi dal convento col canestro al collo e andavi nella tormenta sulle nevi insidiose. Tutti i giorni tu perlustravi la montagna a ricercare gli infelici sepolti dalla valanga. Da solo li dissotterravi e richiamavi alla vita e, quando non lo potevi, correvi al convento e chiamavi i monaci in aiuto. Tu facevi risorgere. La tua tenerezza era così comunicativa che il fanciullo da te dissepolto si lasciò portare all'Ospizio senza timore, aggrappato al tuo dorso. Salvare qualcuno era la tua gioia e tu sapevi farti comprendere da coloro che soccorrevi e infondere loro fiducia e coraggio. Molti uomini dovrebbero imparare da te. Tu non attendevi che ti si chiamasse, rammentavi da solo il tuo sacro dovere, come un uomo giusto che vuol piacere a Dio. Appena la nebbia o la bufera si avvicinavano, tu partivi. Cosa saresti stato se Dio ti avesse fatto uomo? Fosti per 12 anni infaticabile, senza attendere un ringraziamento. Ebbi l'onore di conoscerti al San Bernardo: con rispetto mi levai il cappello davanti a te. Tu giocavi coi tuoi compagni come un leone fra leoni, volli accarezzarti ma tu brontolasti perché non mi conoscevi. Se fossi stato un infelice non lo avresti fatto. Ora il tuo corpo imbalsamato è nel Museo di Berna. Fece bene la città che ti ospitò e mantenne quando fosti vecchio e incapace di servire l'umanità.

 Chi vede il tuo corpo imbalsamato si tolga il cappello, acquisti il tuo ritratto e lo metta in cornice per mostrarlo ai suoi figli e dica loro: andate e fate come questo buon samaritano».

Questo era Barry I, ora abbiamo con noi un suo discendente. Ha le stessi doti del suo antenato e in questo libro vedremo cosa potremo apprendere da lui.

L'amico Barry è con noi

"Il cane è un gentiluomo"
(Mark Twain)

Il suo nome è Barry, è un gigantesco San Bernardo di oltre novanta chili. Vive da solo in montagna, abita in un canile vicino all'ospizio del Gran San Bernardo, dove è stato allevato e per anni ha prestato il suo aiuto.

Vanno spesso a trovarlo molti cani e qualche umano. È un cane sereno e tranquillo. Barry è un "maestro", insegna una cosa fondamentale per la vita di un cane, non subire o non aggredire gli altri cani o gli umani, e insegna quei comportamenti che servono a raggiungere i propri obiettivi e, quindi, ad accrescere la stima di sé. Insegna, insomma, a essere positivi.

Si dice che discenda da Barry I, il mitico cane che salvò decine di persone, sempre pronto ad aiutare chi era in pericolo; ha preso il nome proprio dal suo antenato.

Spesso, Barry tiene dei seminari cui partecipano molti cani. L'argomento che affronta con maturata esperienza è l'assertività canina, cioè come non subire e non aggredire gli altri e come imparare a collaborare e a vivere più serenamente. Al termine del seminario, molti cani cambiano radicalmente modo di pensare e di affrontare la vita.

Ma come fa Barry a dare più sicurezza agli altri cani? Ci riesce perché crede in ciò che insegna. Chi conosce Barry ha sempre ricevuto da lui una parola di aiuto; la sua stessa presenza è fonte di calma e di serenità.

Si raccontano molte storie su Barry. Non si contano più le persone che ha salvato in montagna, persone che erano sul punto di congelare. Lui le ha trovate e salvate. Ma mai si è vantato di ciò che aveva fatto. Quando gli chiedevano come ci fosse riuscito, lui rispondeva solamente: «Avevano bisogno di aiuto, e io l'ho dato loro, tutto qui».

Un giorno ritornò tutto sanguinante. Profondi morsi gli segnavano il muso e le zampe. Fu curato dai frati presso cui dimorava e rischiò addirittura di morire. Quando gli chiesero che cosa fosse successo, lui rispose: «Ho difeso i più deboli», e non disse altro. Si seppe poi, dal racconto di un pastore, che, accorso al richiamo delle pecore atterrite da un branco di lupi, aveva affrontato e combattuto contro sei lupi che stavano assalendo l'ovile. Si racconta che, quando vide i lupi, piombò su di loro con una velocità impensabile per un cane grosso come lui. I lupi gli si gettarono contro con violenza, cercando di azzannarlo alla gola, ma Barry non indietreggiò, anzi si scagliò su di loro con una forza tale che li disorientò. Quando azzannava, spaccava le ossa e lacerava la carne. Anche coperto di ferite, non arretrò di un solo passo e mise in fuga tutti i lupi. Non una pecora fu uccisa.

Barry non ha bisogno di parlare per dimostrare chi è; il suo comportamento parla per lui. È questo suo modo di essere che fa di lui un cane speciale. Amato dai cani e dagli umani.

Incontro con Barry
L'accettazione e il giudizio

Una mattina Barry vede arrivare quattro cani. Davanti procedono una femmina di pastore tedesco e un bassotto; dietro, trotterellano uno spinone e un mastino. Appena giunti, Barry si rivolge loro:

«Ben arrivati! C'è un bel po' di strada per arrivare da me. Io sono Barry; voi come vi chiamate? E che cosa vi ha spinti a venirmi a trovare?»

«Io sono Ula», dice il pastore tedesco. «Eravamo tutti e quattro a una festa, quando un levriero ha iniziato a parlarci di te. Ci ha detto che gli sei stato di grande aiuto per diventare un cane più sicuro di sé e più orientato a perseguire gli obiettivi che voleva raggiungere. Poi è arrivato un altro cane e anche lui si è messo a parlare di te. Diceva che aiuti tutti i cani a diventare più equilibrati.

È allora che ho capito che dovevo venirti a trovare. Io non faccio che arrabbiarmi, sono troppo impulsiva. Se un altro cane non fa quello che voglio, mi arrabbio. Poi però mi dispiace. Riconosco in fretta di averlo trattato male. È una cosa che mi capita anche con il mio padrone, che è davvero una brava persona. Insomma, non ne posso più di star male e di far star male gli altri».

«Capisco che la tua rabbia sia un problema per te», risponde Barry. Poi, rivolto al bassotto, domanda: «Qual è il tuo nome e che cosa ti ha spinto a venire da me?».

«Sono Tom», si presenta il bassotto. Ha l'aria altezzosa. «Quando siamo usciti dalla festa, Ula ci ha proposto di venire a trovarti. Io non ero molto convinto, perché non so che cosa potrei ancora imparare. Sono un cane che sa già ciò che vuole. Mi basta che gli altri, e anche i miei padroni, facciano quello che voglio io. Sono diverso dagli altri cani, che spesso non sono alla mia altezza. Ma ho deciso di venire, per curiosità».

Barry, guardandolo con la sua aria bonaria: «Capisco che tu ti senta superiore, questo è un buon motivo per non desiderare di modificarti. Che vantaggi avresti a cambiare, se pensi di andare bene così?».

«Sono soltanto curioso, voglio sentire che cosa ci dirai».

Un sorriso sfiora il volto di Barry, che aggiunge: «Quando si ascolta, si parte sempre da se stessi. Se e quando sarai pronto, forse, potrai imparare qualcosa dalla curiosità che ti ha spinto quassù. Ma sarai tu a imparare, non io a insegnare».

Tom non replica, ma non appare convinto.

Poi Barry si volge a sorriso aperto verso lo spinone, un cane da caccia con l'aria dimessa e triste: «E tu, chi sei e che cosa vuoi, che cosa ti aspetti che possa succedere qui?».

«Sono Poldo. Io subisco gli altri, ho spesso paura di sbagliare, non mi sento all'altezza della situazione. Vedo Tom così sicuro di sé, mentre io spesso non mi trovo a mio agio con gli altri, sia cani sia umani. Quando alla festa ho sentito ciò che il levriero diceva di te, ho subito pensato che volevo conoscerti. Sono stato contento quando Ula ci ha proposto di venire fin qui. Mi rendo conto che il solo vederti mi ha dato subito maggior tranquillità e sicurezza».

«Ti sento motivato a modificarti, è qualcosa che senti come un bisogno. Ora ci sei tu, un mastino; sei grosso come me, qual è il tuo nome?», chiede Barry.

«Io sono Gino», risponde il mastino. «A vedermi così grosso gli altri possono pensare che io sia un cane senza problemi, ma non è così. Spesso mi chiudo in me stesso, mi preoccupo di molte cose, forse troppe. Ho anche difficoltà nel prendere decisioni. Dopo la festa, sono stati gli altri cani a convincermi a venire da te. Da solo non ne avrei mai avuto il coraggio. Penso di essere pure pauroso. Ora sto male anche perché sono stato lasciato dalla mia compagna e mi sento tanto solo!»

«Tom, che cosa potresti dire a Gino?», domanda Barry. Tom, con aria annoiata: «Non capisco come faccia un cane così grosso ad avere così tanti problemi. Il suo modo di affrontare la vita mi sembra un po' stupido».

Barry guarda lentamente tutti i cani e dice: «Ora vi do la prima regola, se volete continuare a stare con me: **accettate gli altri**. Accettare non vuol dire condividere. Avrei potuto dirvi: "Non giudicate". Ma un "non", una semplice negazione davanti a un verbo, all'azione che siamo abituati a compiere, non ci insegna ancora come evitarla, e ancor meno come fare in un altro modo, un modo più gratificante per noi e per gli altri. Un giorno mi capitò di passare vicino a un'aiuola con molti fiori colorati e di leggere un cartello con la scritta: I FIORI SONO BELLI DA VEDERE! Non era la solita frase: NON CALPESTARE LE AIUOLE. L'alternativa che l'altra frase offriva mi fece riflettere profondamente, e da allora mi è stata utile per esercitarmi a trasformare il negativo in una proposta o in una visione positiva della vita.

Ma ritorniamo al comportamento che è opportuno che teniate durante la vostra permanenza da me. Potrete essere o non essere d'accordo l'uno con l'altro, ma non sta a noi dire ciò che è bene o male per un altro. Già non è facile dire ciò che è bene o male per noi stessi, ma saperlo per un altro diventa impossibile. Ognuno si comporta in base al proprio passato, alle proprie esperienze. Possiamo capire gli altri e provare ad aiutarli, se ce lo chiedono, e solo quando siamo in grado di farlo e desideriamo farlo.

Ora vi racconto la storia di un cane grosso come Gino. Era un molosso, e la sua padrona lo aveva attaccato a un carretto, perché da solo portasse al mercato tre sacchi di grano da scambiare con cibo e medicine. Era una donna vecchia, molto povera, e aveva soltanto il cane per aiutarla.

Il molosso si avvia. In pianura non fatica molto, ma dopo pochi chilometri inizia la salita e il cane comincia ad arrancare. Affonda le zampe nel terreno e procede con estrema lentezza. Lo vedono due cani e, mentre passa, uno dice all'altro: "Guarda come fatica quel molosso, il suo padrone poteva aiutarlo o lui poteva rifiutarsi di eseguire quel compito. È un cane che non sa farsi valere". "Sì", risponde l'altro, "sono d'accordo con te".

Mentre fanno i loro commenti e lo osservano, il molosso arriva grondante di sudore in cima alla salita. Loro hanno giudicato il cane e il suo padrone e non se stessi che sono stati immobili a guardarlo. Hanno perso un'occasione per imparare qualcosa su di loro. **Giudicare gli**

altri è facile, più difficile è giudicare se stessi». Barry tace, e guarda con aria divertita i quattro cani: «Ancora un momento, ho un regalo per voi» e si allontana.

Quando torna, ha con sé alcuni ossi. «Ora a ognuno di voi affido tre ossi. Il compito che vi do è di far parlare tre cani che non conoscete. Quando avrete fatto parlare un cane, potrete mangiarvi un osso come ricompensa. Dovrete imparare ad ascoltare, a fare domande per capire i suoi desideri, i suoi sogni e i suoi bisogni. Ascoltate e non giudicate. Potete anche decidere di mangiare subito i tre ossi e non parlare con gli altri cani, ma prendereste solo in giro voi stessi. Se siete d'accordo, ci vedremo tra tre giorni. Buon ascolto!»

I quattro cani raccolgono ciascuno i propri tre ossi e si allontanano, con l'acquolina in bocca, e negli occhi un po' di stupore.

Fare domande
L'ascolto e la critica

Tre giorni dopo, i quattro cani tornano da Barry, che sta dormendo, con il muso appoggiato sulle zampe incrociate.

«Siamo arrivati», urla Tom. Barry solleva il capo e, rivolgendosi ai cani, chiede: «Come è andata? Avete gustato i vostri tre ossi? Sono certo che lo avete fatto dopo aver parlato con i cani. Avete incontrato qualche difficoltà? Dimmi, Poldo, forse tu non ci sei riuscito, vedo che hai i tre ossi davanti a te».

«Ho riportato gli ossi perché avevo voglia di mangiarli, ma mi sarei sentito in colpa. Non me li sono meritati. Te li ho riportati, perché non sono riuscito a trovare neanche un cane che volesse parlare con me! Per me fare domande non è educato, è come se esercitassi una violenza. Se uno ha piacere di parlare, lo deve fare spontaneamente.»

«Sei stato bravo a riportare gli ossi! Meriti comunque un premio per la tua onestà, dopo potrai mangiarteli. Ma dimmi, che cosa trovi di tanto difficile nel fare domande? Al massimo l'altro non ti risponde», replica Barry.

«Ti ringrazio per il permesso che mi dai di mangiare gli ossi.

Ma devo dirti che, se li avessi mangiati, forse non li avrei digeriti, perché, come ti ho detto, mi sarei sentito in colpa. Per me è difficile fare domande, se uno non risponde è perché ho fatto una domanda indiscreta, che non doveva essere fatta.» Poldo appare convinto di ciò che dice.

«Come reagisci quando ti fanno una domanda? Ti dà noia?» Barry è realmente interessato alla risposta di Poldo.

«Non sempre mi dà noia, mi possono disturbare le domande personali. Domande come: "Ti è piaciuto quel cibo?" non mi danno di certo fastidio.»

«Quando ti fanno una domanda cui ti dà noia rispondere, che cosa fai normalmente?»

«Invento qualche cosa, cerco di non rispondere.»

«Ma perché non dici semplicemente che ti crea disagio rispondere, che ti imbarazza? Potresti anche dire che non te la senti. Non ritieni che si possa fare?»

Poldo è titubante nel dare la risposta e prende tempo. Ma Barry aspetta, non gli mette fretta. È consapevole che Poldo, per uscire dal disagio, dovrà parlare.

Dopo pochi secondi Poldo risponde: «Mi disturba forse di più dire che sono imbarazzato, che non il provare imbarazzo nel non rispondere. Però non capisco che diritto ha un cane di fare domande personali».

Barry si avvicina a Poldo; la sua vicinanza non è percepita come una minaccia, ma trasmette invece calma e tranquillità.

«Comprendo; appena conosci un cane, non puoi certo chiedergli se morde tutti i cani che incontra. Ma, in fondo, che cosa c'è di male nel chiedergli delle sue aspettative, dei suoi desideri, domandargli come vede il suo futuro?»

Poldo ora non è più imbarazzato e risponde prontamente:

«Non vi è nulla di male, ma l'altro può non essere in grado di risponderti».

Barry continua: «Se tu facessi una domanda e l'altro non ti desse la risposta, ti irriterebbe?».

«Sì, mi irriterei, ma cercherei di non farglielo capire.»

«Capisco», afferma Barry, «se ti desse una risposta che capisci che è una bugia, ti darebbe noia?»

Poldo solleva il capo, che abitualmente tiene abbassato, e parla con voce alterata: «Molto, e mi arrabbierei di più, perché mi sta prendendo per stupido».

«Forse è bene che a questo punto vi sveli un nostro diritto», afferma Barry. «**È un nostro diritto fare domande. Ma dobbiamo anche essere in grado di accettare le risposte.**»

Poldo osserva Barry e con lo sguardo chiede la sua approvazione per mangiare gli ossi; Barry fa un lieve cenno di assenso con il capo. Poldo li azzanna con grande soddisfazione e voracità, dopo giorni di rinuncia e di appetito inappagato.

Ora Barry si rivolge a Tom: «Che cosa mi puoi dire tu, Tom? Hai parlato con altri cani?».

«Sì, ho parlato, io non ho difficoltà nel fare domande. Ma spesso le loro risposte mi sembravano banali. Per esempio, ho parlato con un altro bassotto e mi ha detto che il suo unico desiderio è quello di stare con altri cani e giocare con loro. Mi sembra un cane molto superficiale. Devo ammettere che ho trovato banali molte risposte.»

«Capisco il tuo punto di vista. Ma non hai trovato in ciò che ti hanno detto qualche cosa di interessante?»

Tom ha l'aria annoiata, e replica: «No; due cani, uno di nome Rex e l'altro Tim, si sentivano abbattuti, mi sembravano un po' tristi, tutto qui».

Barry, dimostrando interesse: «Ti hanno detto il perché?».

«No, ma che senso ha parlarne? Non posso farci niente.»

«Conosco i due cani», risponde Barry. «Sono tristi perché la loro padrona è andata a vivere in un'altra città e li ha lasciati.

Ora abitano con nuovi padroni.»

Tom, con la sua aria distaccata: «Ma che cosa posso farci io, se la padrona è andata via? Non posso farci niente!».

«È vero che non puoi farci niente, ma puoi comprendere e rispettare la loro sofferenza! Sei sicuro di voler continuare con me?», gli risponde guardandolo con fermezza.

«Sì, ma non capisco dove tu voglia andare a parare.»

«Bene, continuiamo. Siete d'accordo su ciò che ha detto Tom? Mi interessa il vostro punto di vista.»

«Io pensavo di essere un cane insensibile e un po' duro», afferma Ula, «ma mi rendo conto che Tom mi batte. Mi sembra che non si interessi minimamente agli altri, mi sembra che pensi che solo lui è importante e che gli altri valgono poco.»

Gino, che fino a quel momento si era tenuto in disparte, si avvicina a Tom e con aria benevola dice: «Ho anch'io avuto la stessa impressione di Ula. Ma in fondo Tom non è cattivo, mi sembra soltanto un po' presuntuoso».

Tom ringhia agli altri cani. Si fa minaccioso.

Barry tranquillizza Tom: «Tom, questo è il punto di vista di Ula e di Gino, forse non coincide con il tuo, forse tu ti valuti diversamente. Ma non pensi che ci possa essere qualche cosa di utile per te in quello che hanno detto?».

«Mi stanno offendendo, è normale che reagisca. È il comportamento normale di un cane che non vuole subire», ribatte Tom, per nulla rassicurato.

«Ti hanno mosso una critica, è molto importante che tu impari ad accettarla. Prendi da essa ciò che può esserti utile. Ora, Ula, raccontami dei tuoi incontri.»

«Ho parlato con tre cani. Uno era un pastore tedesco, come me, mi ha raccontato di avere paura degli spari e di provare timore in presenza di estranei. Aveva piacere di parlare come me. Poi ho parlato con un meticcio, che vive per strada, perché è stato lasciato dai suoi padroni. Mi ha detto che si trova meglio da solo. All'inizio pensava di non riuscire a sopravvivere, ma ora sta bene così. Infine, ho parlato con un altro meticcio di grossa taglia, che mi ha raccontato dei suoi padroni e del loro figlio. Mi ha detto di come ha salvato il bambino che stava attraversando da solo la strada: era scappato dai genitori, il cane è riuscito a fermarlo prima che una macchina lo investisse. È stato interessante parlare con questi cani.»

Si fa avanti Gino, che racconta: «Ho parlato prima con un bulldog, che mi ha raccontato dei figli dei suoi padroni, di come si sia sempre divertito con loro e di come sia sempre stato premuroso. Mentre mi raccontava dei bambini mi sono commosso, tale era il senso di dedizione che dimostrava per loro. Poi ho parlato con un uomo il cui cane era morto. Era uno schnauzer gigante femmina. Un tumore le aveva paralizzato le zampe posteriori. Era il giorno in cui il cane, che stava morendo, doveva essere soppresso.

Il padrone lo carica in macchina sul sedile posteriore per trasportarlo dal veterinario, quando un umano si avvicina alla macchina. Il cane percepisce un pericolo per il suo padrone, e allora con tutta la forza che gli rimane si raddrizza sulle zampe anteriori e ringhia all'uomo. Anche in punto di morte non aveva rinunciato a difendere il suo padrone.

Nel raccontarmi questa storia vedo che l'uomo trattiene con difficoltà le lacrime e mi dice: "Ho capito che un cane è pronto a morire per il suo padrone, a dare la vita per lui!". Io ho capito quale forte legame c'è tra un cane e il suo padrone. Ho capito che cosa vuol dire *lealtà*».

Anche Barry pare commosso dalla storia. Barry, che ha sempre rischiato la propria vita per uomini o animali, sa che cosa vogliono dire lotta e sofferenza. Poi, tornando a sorridere, riprende: «Ascoltare, condividere le emozioni e comprendere la sofferenza degli altri è un grande passo verso la nostra serenità. Ora avrei piacere che mi diceste che vantaggi si possono ottenere nel fare domande. Inizia tu, Ula».

«Si ottengono informazioni iniziando a creare un rapporto.»

«Si dimostra interesse per l'altro», dichiara Gino.

«Ci si abitua a sentire altri punti di vista», sostiene Poldo. Tom dice: «Forse si diventa più attenti ai bisogni degli altri». Barry guardandoli attentamente tutti dichiara: «Avete individuato i principali vantaggi che si hanno nel fare domande. Ma non sempre è facile ascoltare con attenzione le risposte; sapete dirmi perché? Inizia tu, Gino».

«Perché si è presi dai propri problemi e non si ascolta realmente l'altro. A me succede spesso. Sono talmente preoccupato per me, che non riesco a concentrarmi su ciò che l'altro dice.»

«A me succede di confrontarmi con l'altro. Se mi sta raccontando di sé, di come ha affrontato una situazione, penso subito a come mi sarei comportato al suo posto. E mi capita spesso di sentirmi inferiore all'altro», dichiara Poldo.

Tom interviene: «Forse perché pensi che ciò che hai da dire non sia importante!».

Barry si rivolge a Ula e la invita a parlare.

«Ho pensato a come mi sento quando non mi ascoltano. Mi arrabbio. Ritengo che sia una mancanza di rispetto nei miei confronti. Ma anch'io non sempre ascolto quando penso che l'altro non mi interessi o lo giudico a priori stupido.»

Barry, sorridendo, dice: «Avete evidenziato i motivi per cui è difficile ascoltare. Ma, come ha dichiarato Ula, se non ci si sente ascoltati ci si innervosisce, ci si chiude in se stessi e non si comunica più. Immaginate che cosa può succedere se un cucciolo non è ascoltato dalla madre o dal padre. Il cucciolo diventerà insicuro, svilupperà in modo ansioso il bisogno di essere ascoltato e accettato.

Se vogliamo realmente ascoltare, dobbiamo annullare la barriera che spesso ci allontana o ci isola dagli altri. Vi possono essere due tipi di barriere: la prima è la presunzione, la seconda il senso di inferiorità, una scarsa stima di sé.

Se si è presuntuosi, ci si valuta migliori dell'altro e quindi non si ascolta ciò che ha da dirci; non ci serve, non è importante. Se ci si sente inferiori, si rischia di confrontarci con l'altro e dirsi: "Tanto io non sarò mai come lui!"».

«Questa è la mia barriera, mi succede spesso di fare il confronto tra me e l'altro», dichiara Gino.

«Molto bene, Gino, essere consapevoli è il primo passo verso il cambiamento. Durante il percorso che faremo insieme avrete l'opportunità di esercitarvi per imparare ad ascoltare gli altri ma anche ad ascoltare voi stessi.

Ma la presunzione o la scarsa stima di sé possono essere anche un ostacolo a porre domande. Vi racconto che cosa accadde al levriero che incontrai circa un anno fa. Stavo tornando al mio canile ed era una giornata nebbiosa. Vedo in lontananza un giovane levriero che mi viene incontro. Dopo esserci salutati, lui mi chiede se io sono del luogo. Gli rispondo che sono nato qui e conosco ogni posto della zona. Avevo capito che si era perso, ma era così orgoglioso da non potermi chiedere come fare per ritornare a valle. Domandai: "Penso che tu abbia

smarrito la strada, può succedere a tutti i cani, è così?".
"No, no. Non mi sono assolutamente smarrito. Sono un levriero e so sempre trovare la strada!".
Risposi: "Già, per te non è un problema orientarti nella nebbia. Io sto tornando al mio canile, ti auguro un buon rientro".
E riprendo a camminare verso il mio canile, ma dopo pochi metri mi giro per vedere dove sta andando lui. Sta indirizzandosi di corsa verso una zona della montagna che non ha nessuno sbocco e termina in un crepaccio. Mi fermo ad aspettarlo, perché so che presto si accorgerà di non essere in grado di orientarsi. Dopo poco tempo vedo il levriero che sta ritornando, è agitato e nervoso. Mi si avvicina e dice: "Con questa nebbia non è facile orientarsi".
"È vero, anche per un cane esperto come me è facile smarrire la strada!". Aspettavo che il levriero mi domandasse quale strada dovesse fare per ritornare. Io ero un po' stanco e volevo tornare al mio canile, ma sapevo che, se non gli avessi dato le informazioni necessarie, si sarebbe definitivamente perso e io avrei dovuto comunque andare a cercarlo. Così dissi: "Se ritorni indietro fino a un grande masso alla tua destra, finirai per trovare un casolare. Ma stai attento, la strada è davvero molto ripida, non è bene correre. Poi vai a sinistra e arriverai al fondo della valle".

Il levriero, sempre con aria altera, mi disse: "So come ritornare, sono un levriero e riesco sempre a ritrovare la strada".

Lo salutai e, mentre stavo ritornando al canile, mi misi a ridere pensando a come la presunzione può complicare la vita. È veramente faticoso dover sempre apparire il migliore.

Ora, è importante saper porre domande a un altro, ma ancor più importante è saperle porre a se stessi. E soprattutto è importante interrogarsi sui propri errori. La domanda "**Dove ho sbagliato?**" ci dà un vantaggio impareggiabile: ci invita a portare l'attenzione sull'oggetto più importante per noi, ossia noi stessi, un'energia che ci serve per imparare a modificarci. Tu, Poldo, te lo chiedi sempre, anche prima di fare qualche cosa. Ma questa è un'altra storia.

Questo è stato un incontro proficuo per tutti noi. Sono contento di voi! Vedremo al prossimo incontro due tipi di critiche: quelle costruttive e quelle manipolative. Per ora ricordatevi: **usiamo le critiche come un aiuto per modificarci**. Domani riprenderemo l'addestramento; arrivederci!».

Così dicendo, Barry si allontana trotterellando.

Abbiamo due orecchie
La paura di dare

Il giorno dopo i quattro cani arrivano da Barry. Come sempre è allegro, e sul suo muso si legge il piacere di vederli, di stare con loro. Guardandoli dice:
«Oggi tratteremo del *buon comportamento*. Dovrete imparare a riconoscere come ci comportiamo con i nostri simili e con gli umani. Alcuni subiscono gli altri, e ciò innesca spesso un comportamento di fuga; altri, invece, sono aggressivi, e ciò corrisponde a un comportamento di attacco. Così fanno anche gli umani. Imparare a riconoscere questi due tipi di comportamento è indispensabile per trovare un corretto equilibrio emozionale, che ci aiuti a vivere in modo indipendente i cambiamenti della nostra vita. Perché, infatti, non esiste solo il comportamento di attacco o di fuga, ma è possibile assumerne un altro, quello **assertivo canino**. Imparare questo comportamento ci può essere utile, tanto con i cani quanto con gli umani.

Ora vediamo come è possibile impararlo. Poldo, hai già sentito delle frasi colpevolizzanti o inferiorizzanti. Te le ricordi?»
«Sì!», risponde prontamente Poldo. «Spesso mi sono sentito

dire dal mio padrone: "Gli altri cani sono più bravi di te", "Sai quanto mi costi?", "Non so che cosa faresti, se non ci fossi io", "Non sei come gli altri cani, il cane che avevamo prima era migliore di te!". Spesso anche i cani mi dicono frasi del tipo: "Sei goffo", "Non sai prendere decisioni", "Perché sei così insicuro? Gli altri cani sanno che cosa vogliono, tu no!". Più mi sento dire queste cose più mi convinco di non essere all'altezza.»

Barry incalza: «Che cosa provi quando senti queste frasi?».

«Rabbia e sconforto; così mi chiudo in me stesso.»

«Quindi queste frasi entrano dentro di te, vero?»

«Sì, provo frustrazione. Se mi dicono frasi simili, ci sto male e continuo a pensarci.»

«Ti capita spesso di arrabbiarti quando le senti?»

«Mi arrabbio moltissimo, è più forte di me. Ma non dico nulla e soffro.» Nel fare questa affermazione Poldo rivive le emozioni che ha sempre provato: rabbia e sconforto.

«Secondo te, perché il padrone o altri cani usano queste frasi?»

«Per farmi sentire male. Visto che ci rimango male.»

«Se uno sta male a causa di queste frasi, che vantaggio ottiene l'altro che le usa?»; Barry pone questa domanda rivolgendosi a tutti i cani.

«Le usa perché vuole piegarti al suo volere. Vuole sottometterti» replica quasi con rabbia Poldo.

«Le frasi di questo tipo non ti aiutano a crescere, né a migliorare la tua autostima canina, non è vero?»

«Ti senti sempre in colpa, non all'altezza, ti fanno sentire insicuro.» Ora la rabbia di Poldo è palese.

«Quindi, tu stai male e non ne ricavi alcun vantaggio. È così?»

«Sì, io ci sto solo male, non accetto questo comportamento.»

«Non è facile stare con chi ti colpevolizza. È normale allora chiedersi: "Perché si comporta così con me?" Questa domanda non ha una risposta semplice. Chi usa queste frasi le ha sentite quando era cucciolo, e da grande ritiene che rivolgersi agli altri in questo modo sia normale. Magari ha anche verificato che usandole ottiene il vantaggio che gli altri si comportino secondo i suoi desideri. In ogni caso, per noi diventa impossibile modificare quel suo comportamento. Possiamo capirlo ma non riusciamo a cambiarlo.

Alcuni anni fa arrivò un piccolo lupo, che era venuto a trovarmi perché non riusciva più a stare con il suo branco. Diceva che spesso il capo branco lo derideva e lo criticava. Era un comportamento che adottava anche con altri lupi. Ma lui era convinto di soffrire più degli altri, perché riteneva di essere più sensibile. Non sapeva che cosa fare. Non voleva lasciare il branco, perché aveva paura di non riuscire a stare da solo. Mi chiese di aiutarlo a imparare a non stare male. Aveva capito che era lui che doveva modificarsi, ma non sapeva come fare. Gli chiesi allora di ripetermi tutte le frasi che il capo branco gli indirizzava. Non c'era certo da essere soddisfatti: "Sei un cucciolo stupido e non capisci niente", "Sei un lupo debole e insicuro", "Non riesci neanche nelle cose semplici", "Da solo non sei in grado di sopravvivere", "Anche nella corsa arrivi ultimo. Non sei proprio predisposto per la caccia".

Gli domandai se il suo capo branco gli rivolgesse sempre solo queste frasi. Lui me lo confermò, e ciò era sufficiente per farlo soffrire. Il giovane lupo era risoluto a modificarsi, e già aveva intrapreso il primo passo verso una maggiore indipendenza: era consapevole di non poter cambiare l'altro. Gli restava da compiere il secondo passo: lasciare che le frasi gli scivolassero addosso e non entrassero in lui.

Gli chiesi se si valutava un individuo inetto, stupido, debole e insicuro. Il lupetto mi disse che pensava di essere come gli altri lupetti, forse solo più sensibile. Allora gli feci ripetere a voce alta tutte le frasi che aveva sentito pronunciare dal capo branco. Lo sollecitai a ripeterle molte volte, fino a quando non si fosse stufato di sentirle. E, infatti, più le ripeteva a voce alta, più le frasi perdevano di importanza: incominciava ad annoiarsi. Lo invitai allora a fare una camminata nei boschi. Mentre camminavamo, non feci altro che sostenere la parte del suo capo branco. Ma non ottenni, come in realtà mi auguravo, la sua solita reazione. Ormai era stufo di sentire quelle frasi, lo stancavano. Più le sentiva ripetere, meno lo disturbavano. Allora cambiai tattica. Nel silenzio della nostra passeggiata, lo investii con quelle frasi all'improvviso per sorprenderlo, cercando di fargli sentire di nuovo la sua agitazione interiore. E infatti così accadde. Allora gli spiegai che, ogni volta che mi avesse sentito rivolgergli una frase colpevolizzante, lui non avrebbe dovuto far altro che sorridere e dire a voce alta una semplice frase di contrasto: "Non mi tocca e non voglio stare male. Lui è fatto così! È un suo problema".

Continuammo a camminare. Durante la conversazione, divagavo sugli argomenti più diversi, il paesaggio, gli alberi, le acque del torrente, ma ogni tanto, con tono perentorio, vi inserivo una delle frasi colpevolizzanti. Il lupetto sorrideva e reagiva con la sua frase di contrasto. Dapprima in un tono meccanico, senza espressione, ma, dopo un po' di esercizio, cominciò a far vibrare nella sua voce tutta la sua convinzione.

Da quel momento, suggerii al lupetto di ripetersi mentalmente la frase di contrasto. Tutto il programma durò qualche ora. Al termine, il lupetto sorrideva, anzi se la rideva apertamente, nel sentire le frasi che fino a qualche ora prima gli avevano dato ancora tanto fastidio.

Qualche giorno dopo lo rividi. Il capo branco aveva perso il suo potere, le frasi con cui lo aveva rimproverato fino ad allora non avevano più alcun effetto su di lui. Mi disse che altri lupetti, incuriositi, avevano cercato di sapere come avesse fatto a non stare più male per le frasi così brutali del loro capo branco. Solo fino a qualche giorno prima lo avevano visto piangere e soffrire, e ora riusciva anche a sorriderne. Disse loro: "Barry è mio amico!" e non aggiunse altro.

Questa storia ci aiuta a capire la natura delle frasi che ci fanno stare male: in chi le pronuncia sono espressione di un comportamento aggressivo, allo scopo di ottenere in chi le ascolta un atteggiamento di sottomissione. Quelle frasi mirano a manipolare gli altri, a colpevolizzare e a inferiorizzare, ma solo se permettiamo loro di farlo. Ricordiamoci, infatti, che la natura ci ha dotati di due orecchie: da una possiamo far entrare le frasi e dall'altra possiamo farle uscire, naturalmente, quelle che non ci servono. Quindi: **impariamo ad ascoltare le frasi che ci fanno star male. Riconosciamole, ma senza permettere che ci entrino dentro. Perché dare a chi le usa questa gratificazione? Noi non dobbiamo stare male, abbiamo due orecchie!**

Non sempre, per colpevolizzare o inferiorizzare un cane o un umano, è necessario parlare. Si può tacere e con il silenzio dimostrare il proprio disappunto. Ora vi faccio vedere alcune espressioni del mio muso e del mio comportamento non verbale, che dimostrano superiorità e sottomissione.

Barry solleva il muso indietro e guarda dall'alto gli altri cani, che si sentono subito a disagio. L'arroganza che manifesta Barry è palese; tutti avvertono un distacco da lui, si sentono giudicati e considerati inferiori. Poi abbassa il capo e guarda per terra. Ora si trovano davanti un cane sottomesso, che ha paura del giudizio, che dipende dagli altri. «Che emozioni avete avvertito? Anche noi cani le proviamo, anche se alcuni umani pensano che non sia così! Alla mia prima espressione potete aver provato rabbia, stupore o altre emozioni di disagio. Alla seconda, avrete sentito trasferirsi in voi tristezza o sconforto.

Esercitatevi ad avere queste due espressioni, così imparerete a non adottarle più. Non sono di nessuna utilità. Se qualche cane avrà con voi un atteggiamento di superiorità, vi verrà da sorridere vedendo come si dà importanza, come si prende sul serio. Sentirsi superiori o inferiori sono due facce della stessa moneta. Ma questa è una moneta falsa con cui non potrete mai comprare nulla.

La moneta buona è un'altra, è a due facce: su una c'è scritto COMPRENDERE, sull'altra DARE.

È bene ricordare che: **non dobbiamo aver paura di dare. Dobbiamo aver paura di dare se vogliamo soltanto prendere. Il dare ci potrà ritornare, invece prendere non potremo farlo per molto.**

Questa moneta ci permetterà di creare buoni rapporti con cani e umani. Forse alcuni si terranno la nostra moneta, ma questo non deve essere un problema. Se ciò diventa per noi fonte di disagio, è perché volevamo ricavarne un guadagno. No! La nostra moneta la regaliamo e saremo contenti di aver fatto un regalo. Un dono fa stare bene chi lo fa, non sempre soddisfa chi lo riceve. Ma questa è un'altra storia.»

Barry pronuncia queste ultime parole a voce bassa, come se stesse parlando a se stesso. Il suo sguardo è rivolto alle montagne, pare quasi assente. Ma si capisce che è profondamente convinto di ciò che dice. Chi conosce Barry sa che ha sempre dato senza aspettarsi nulla in cambio. Sta ricordando i cani e le persone che ha aiutato e sta avvertendo un profondo senso di pace e serenità. È uno di quei momenti in cui si sente tutt'uno con l'ambiente che lo circonda.

La voglia di dare affetto si sprigiona da lui e avvolge le persone, gli animali, le montagne e il cielo. È un attimo, pervaso da un profondo senso di benessere. Poi Barry esce dalla sua trance e si rivolge ai cani, che non hanno percepito nulla del suo breve viaggio.

«Ora torniamo ai modi con cui si può far sentire colpevole un altro. Una volta un cane mi disse che non parlava da diversi giorni con la sua compagna. Quando gli chiesi il motivo, lui mi disse che facendo così la sua compagna avrebbe capito il motivo della sua disapprovazione. Gli chiesi perché provasse rancore e lui mi rispose: "Ora non ricordo bene il motivo, ma doveva essercene uno, se ho iniziato a non parlarle".

Se qualche cosa non ci aggrada parliamone e non usiamo il silenzio come arma per far soffrire l'altro.

Tom, hai mai sentito frasi colpevolizzanti o inferiorizzanti?»

«Se me le dicono, io reagisco subito, non subisco mica gli altri. Non ho assolutamente nessuna intenzione di passare per stupido. Io sono uno che non dimentica, alla prima occasione li mordo, così imparano.»

Barry non risponde direttamente a Tom, ma si rivolge a tutti i suoi allievi: «Ora vi chiedo di pensare alle frasi che avete sentito e di confrontarvi sul vostro modo di reagire a queste circostanze. Poi ditemi se anche voi le usate. Io, intanto, mi rilasso facendo una bella passeggiata».

Dopo un po', Barry torna portando un cesto pieno di mele.

«Sono certo che avrete fatto un buon lavoro. Ula, dimmi le frasi che hai sentito rivolgere a te e che, a tua volta, hai usato nel rivolgerti agli altri.»

«Spesso mi hanno detto: "Sei irascibile, con te non si può parlare", "Non sei come gli altri cani, pensi solo a te stessa", "Non sei affidabile", "Sei un cane incostante". Queste sono le frasi che mi dicono. Io non uso mai frasi colpevolizzanti, non mi piace», risponde Ula con convinzione.

«Tu, Gino?», chiede Barry.

«Mi dicono spesso: "Sei taciturno", "Non sai comunicare", "Sei spesso un po' stupido", "Sei anche goffo, guarda gli altri cani come sono più eleganti", "Chi può uscire con un cane come te?". Qualche volta ho detto ad altri cani frasi colpevolizzanti. Per esempio, ho detto a Poldo: "Sei goffo e insicuro", "Sei un cane stupido". Mi vergogno di aver detto queste frasi e mi scuso, anche se in ritardo.»

Barry, sorridendo, dice: «Bene, Gino, ti stai indirizzando verso l'assertività canina. Un cane assertivo riconosce i propri sbagli ed è in grado di scusarsi. Dimmi, Poldo, tu hai usato frasi colpevolizzanti? Poi toccherà a Tom».

«Non mi sembra di usare frasi così. Invece, mi chiudo in me stesso e covo rancore e rabbia, penso così di colpevolizzare chi me le dice, ma mi sembra che gli altri non prestino molta attenzione al mio malumore. Sono solo io a star male.»

«Io non le uso», risponde sicuro Tom. «Io vado per la mia strada. Che senso ha usare queste frasi? Io non ho certamente bisogno di nessuno.»

«Avete fatto un buon lavoro», afferma Barry. «Gino e Poldo riconoscono di essere stati un po' aggressivi e, a loro modo, manipolativi, anche se hanno la tendenza a subire. Ula e Tom non ritengono di avere mai colpevolizzato o inferiorizzato gli altri. Ora vi regalo delle mele.» E Barry dà una mela a ogni cane. Quelle che dà a Gino e Poldo sono belle e mature, quelle che dà a Ula e Tom sono marce.

«Ma la mia mela è completamente marcia, come quella di Tom», dice Ula sorpresa e un po' arrabbiata. «Mentre le altre sono belle e mature. Ma non hai visto le nostre mele? Ci hai fatto uno scherzo?»

Barry si rivolge sorridendo a Ula: «**Se non individuate i vostri errori rischiate con il tempo di marcire e non di maturare**. Ci rivediamo domani», e si allontana con il cesto di mele.

Poldo torna da Barry
La lamentela

Poco dopo, da solo, Poldo si presenta da Barry; ha l'aria davvero molto avvilita.

«Scusa, Barry, se vengo a importunarti. Ma devo dirti che io fatico ad andare avanti con il gruppo. Vedi, c'è Tom, che mi sembra presuntuoso, e io mi sento a disagio con lui. Mi sento sempre giudicato, ho paura di dire il mio punto di vista. Invece di migliorare sto peggio, non mi sento bene in questa situazione.»

Barry si fa molto attento.

«Vediamo come puoi trarre vantaggio da questa situazione. Sai come si comporta un cane aggressivo?»

«È sufficiente che pensi a Tom. Non ascolta, mi fa sentire inadeguato, colpevolizza e vuole sempre avere ragione. Un aggressivo è un prepotente. Si impone sugli altri, li usa. È convinto di essere il migliore. Io mi sento molto a disagio con un cane così», risponde Poldo, avvilito.

«Potresti anche aggiungere che non cambia la propria opinione, non si scusa e, se sbaglia, la colpa non è mai sua.»

«Sì, è così. Anche il mio padrone è aggressivo, non gli va mai bene niente di quello che faccio. Visto che ho già un padrone che si impone con me, non mi sembra che abbia senso che debba sopportare anche Tom. Con entrambi si sta male, perché non si crea un clima sereno, anzi!»

«Secondo te, un umano o un cane molto aggressivo hanno difficoltà nell'essere amati da chi gli è vicino?»

«Sì, tende a creare il vuoto intorno a sé.»

«Bene, Poldo, stai comprendendo il comportamento aggressivo, è un primo passo per non subirlo», afferma con convinzione Barry. «E ora, dimmi: secondo te un cane, o un umano, fatto così può cambiare?»

«Non lo vedo possibile; perché dovrebbe cambiare chi è così da una vita?», risponde Poldo, sempre più sicuro di sé.

«Sono d'accordo, è difficile che cambi. Non sa neanche come dovrebbe cambiare.»

«Comportandosi così fa soltanto stare male gli altri.»

«Ma tu, Poldo, pensi che si preoccupi dei bisogni degli altri?»

«No, non può! Non sa vedere altro che i propri.»

Barry guarda intensamente Poldo e dice: «Ti voglio far vedere che cosa succede quando si presta attenzione solo ai propri bisogni. Seguimi e vedrai». Barry parte al trotto e Poldo lo segue. Salgono su per la montagna e dopo circa un'ora arrivano su un grande spiazzo, da cui è possibile vedere tutta la valle. «Guarda attentamente in fondo alla valle e dimmi che cosa vedi», chiede Barry. Poldo scruta per alcuni secondi il fondovalle e dice: «Vedo una strada e poi tante case. Vedo anche sulla destra delle ultime case tanti massi; vi è stata una frana. Mi sembra che alcuni massi abbiano sepolto una casa. Che cosa è successo?».

«Alcuni anni fa gli uomini hanno iniziato a deviare dei piccoli torrenti, e hanno tolto tutti gli alberi che erano su quel versante. In questo modo, come spesso fanno gli umani, hanno aggredito la terra. Hanno visto soltanto i loro bisogni e non quelli della montagna, che, non più curata, ha riversato sulle case il suo carico di fango e pietre. Alcuni umani sono morti. Ora hai visto quali rischi si possono correre non prestando attenzione ai bisogni altrui. Prima o poi, se trascuri i bisogni degli altri, creerai intorno a te il deserto. Dimmi, ora, quando l'altro ti trattava male e non rispettava i tuoi bisogni, ti è capitato di dirti: "Dovrebbe comportarsi in un altro modo?".»

«Me lo dico sempre, perché mi fa stare male.»

«Quindi tu stai male e chi è aggressivo sta bene, non è così?»

«È vero, sto male appena vedo il mio padrone, e ora mi succede anche quando vedo Tom.»

«Torniamo verso il nostro punto di ritrovo», dice Barry e si avvia lentamente giù dalla montagna. Dopo alcuni minuti, quando il terreno si fa più pianeggiante, si rivolge a Poldo dicendo: «Questa affermazione, se la farai tua ti sarà di grande aiuto: **non è possibile cambiare gli altri. Si può star male nel tentare di cambiarli, nel volerli diversi.**

Vedi, Poldo, se non puoi modificare chi è aggressivo, e molti lo sono, puoi però non consentirgli di avere il potere di farti stare male. Puoi imparare a modificare te stesso. Adesso ti racconto una storia.

Molti anni fa c'era un grande gregge di pecore e, a governarlo, un cane di nome Bill. Ma Bill non bastava a svolgere tutto il lavoro. Allora il padrone del gregge prende un altro cane da pastore, di nome Rex, e lo affianca al primo. Bill inizia subito a trattare male Rex, per un nonnulla lo sgrida. "Devi essere più veloce con le pecore, perdi sempre tempo, non si fa così. Devi essere più duro, loro sono animali stupidi e non capiscono niente." Rex era sempre calmo e rispondeva a Bill dicendo: "Ti ringrazio per i consigli che mi dai. Ne farò tesoro". Io, osservando la situazione, domando a Rex se non gli dia noia il comportamento di Bill. "Assolutamente no!", mi risponde. "Mi rincresce per lui, ma non fa che creare il vuoto intorno a sé, non è certo amato dalle pecore, ma questo è un suo problema. Io ritengo che sia meglio creare con le pecore un rapporto e non un'opposizione."

Alcuni mesi dopo, nel paese vicino si svolge l'annuale gara di cani da pastore. Ogni cane avrà un gruppo di pecore con cui lavora abitualmente e dovrà dimostrare come è in grado di condurle. Bill come sempre è sicuro di sé, mentre Rex tace. Vengono divise le pecore dell'allevamento. Metà sono date a Rex e metà a Bill. Inizia la gara e si vedono tutte le pecore di Rex seguirlo allegre e spostarsi velocemente da un luogo all'altro; Rex non deve richiamarne neanche una. Per Bill invece è diverso, le pecore lo seguono timorose e preoccupate, hanno paura di sbagliare e alcune deviano dalla strada stabilita e si perdono. Bill si arrabbia e morde anche qualche pecorella. Rex arriva per primo con tutte le pecore, allegre e soddisfatte. Bill è in ritardo e ha perso tre ovini.

Io vado dalle pecore di Rex, e le intervisto. "Ci siamo divertite. Stare con Rex è piacevole, non ci impone nulla, lui ci guida ma è sempre pronto ad aiutarci." Poi parlo con Bill, che mi dice: "Ho perso perché mi hanno dato delle pecore stupide, che non capivano i miei ordini; la prossima volta sarò ancora più duro". Un anno dopo, Bill venne messo alla catena, non gli diedero più le pecore da custodire. Ma lui, anche ora continua a essere convinto che le pecore siano troppo stupide per essere guidate.

Ora, Poldo, pensa che non puoi evitare che vi siano cani o umani aggressivi, ma puoi diventare come Rex; se lo desideri, puoi farlo. Lamentarti non serve. Ricordati di questo principio: **non centrare la tua attenzione sugli aspetti negativi degli altri. In questo modo, sviluppi in te soltanto frustrazione e rabbia. Non ti aiuta certo a diventare più sereno**».

«Grazie, mi è stato utile, ho capito perché Tom è così. Io non posso farci nulla, è un suo problema, non mio», risponde Poldo, e per la prima volta si allontana sereno. Se potessimo ascoltare i suoi pensieri, lo sentiremmo ripetere tra sé e sé: "Non devo stare male per il comportamento degli altri, non mi serve a nulla". E ora, mentre sta ripensando a tutte le volte in cui gli è capitato di star male, accenna a un sorriso.

La mela marcia
La presunzione

Quando arrivano i suoi allievi, Barry sta mangiando da una grande ciotola. Ula si avvicina e accosta il muso alla ciotola. Barry smette di mangiare succulenti pezzi di carne e si rivolge a Ula: «Vuoi mangiarne anche tu?», le chiede cortesemente. «Sì! Vedendo questi bei pezzi di carne mi è venuto appetito», risponde Ula. Barry continua il suo pasto e Ula non osa avvicinarsi, perché ha paura della reazione di Barry. Anche gli altri cani si avvicinano, ma Barry sembra non vederli e continua a mangiare lentamente tutta la carne. Poi, soddisfatto, si lecca il muso e si rivolge ai suoi allievi: «Volevate mangiare anche voi la mia carne?». «Sì!», rispondono tutti insieme i cani.

«Perché non vi siete avvicinati alla ciotola piena di cibo?»

«Penso che noi tutti avessimo paura di te. Temevamo che ci avresti aggredito», replica Ula.

«Quindi, se io fossi stato un cane più debole e più piccolo, tu, Ula, ti saresti impossessata della mia carne; è così?»

«Sì. Ti avrei allontanato e avrei mangiato io il tuo cibo.»

«Anche se avessi visto un cane molto denutrito e affamato?»

«Probabilmente non gli avrei prestato attenzione. Ero troppo attratta dal tuo cibo. Ma ora, ripensandoci, mi rendo conto che sarebbe stato un comportamento aggressivo. Vedevo soltanto il mio bisogno e non quello dell'altro cane. Mi dispiace, ho sbagliato. Posso solo dire che la vista della carne mi eccitava. Mi era difficile resistere.»

«Brava, Ula, stai facendo progressi, dei grandi progressi. Hai riconosciuto il tuo errore, quello cioé di vedere soltanto il tuo bisogno e non quello dell'altro. Poi, avresti potuto giustificarti e non lo hai fatto. E questo è un buon segno. Ora, Ula, entra nel mio canile; vi troverai un cesto di mele. Prendi quella che ritieni di tuo gusto.»

Ula si avvia velocemente nel canile di Barry. Dopo pochi minuti ritorna; ha con sé una mela e la mostra a Barry.

«Vedo che hai preso una mela marcia, ma non completamente. Come mai non hai scelto una bella mela matura?»

«Non potevo prenderla. Prima, non mi sono subito accorta che ero aggressiva. Sarei stata pronta a cacciare e ad aggredire un piccolo cane per il cibo. Ma non l'ho presa completamente marcia, perché, quando mi hai fatto riflettere, ho capito subito il mio sbaglio!»

«Bene, Ula! E ora anche voi, amici miei, andate a prendere la mela che vi spetta.»

Tutti i cani vanno di corsa nel canile e dopo poco escono con le mele.

«Fatemi vedere le mele», dice Barry.

Tutti le mostrano e sono tutte un po' marce.

Barry esplode in una forte risata, che stupisce tutti.

«Perché ridi così di gusto?», domanda Tom, «Abbiamo preso tutti le mele marce, perché tutti noi avremmo voluto mangiarti la carne!»

«No! Tutti voi avreste mangiato la mia carne e per finire

avreste anche mangiato le mele mature, e io sarei rimasto senza nulla. Avete preso le mele marce perché Ula l'aveva presa per prima, quindi non potevate fare diversamente.»

«Ma io non avrei mangiato la tua carne, se non me l'avessi offerta», ribatte Gino, e la sua voce è quasi un lamento. «Forse gli altri l'avrebbero mangiata senza essere invitati, ma non io!» «Parla per te!», afferma con decisione Tom, «Sì. Io l'avrei mangiata e mi sarei anche mangiato tutte le mele, mi piacciono. Ma non sono così ipocrita come te, che vuoi apparire un cane modello». Si sente il ringhio di Gino, che guarda fisso Tom. È un ringhio di minaccia. «Basta per favore!», urla Poldo. «Quel che è stato è stato, che vantaggio abbiamo a iniziare a litigare tra di noi? Non facciamo gli umani!» Per la prima volta, Poldo esprime con sicurezza un proprio punto di vista. Sta diventando più assertivo. Tutti gli altri cani tacciono e Gino si calma. Ora che si sono tranquillizzati, Barry dice: «Sono soddisfatto di voi! In pochi giorni avete appreso nuovi comportamenti. Tu, Gino, sei riuscito subito a calmarti e forse hai capito che, in parte, Tom ha ragione. Tu vuoi l'approvazione degli altri cani e degli umani, è così, Gino?».

«Sì, è vero. Spesso ho paura di irritare gli altri e di essere rifiutato da loro e divento consenziente. Ho preso la mela un po' marcia perché tutti la prendevano, ma è vero che io non avrei mangiato la carne. Avrei dovuto prendere la mela matura, questo è il mio sbaglio! Sono un cane che dipende dalla benevolenza degli altri. Ma ora ho capito che ciò che si è lo si deve essere indipendentemente dagli altri.»

«Mi fa piacere sentirti parlare così», afferma Poldo, «Anch'io ho questa tua caratteristica. Ho paura di essere rifiutato, di non essere accettato. Ma sto iniziando a capire che ciò che gli altri pensano di noi non ci cambia e non può farci diventare né più né meno di ciò che siamo».

Per la prima volta, Tom dimostra di approvare gli altri cani, fa dei cenni con la testa e dice: «Mi scuso con Gino se sono stato duro con lui; devo ammettere che lui, al contrario, è sempre stato gentile con me».

«Molto bene. Tu, Tom, ti sei scusato ed è un grande passo per te. Mentre tu, Gino, hai espresso il tuo punto di vista e quali sono le tue debolezze, e tu, Poldo, hai affermato con forza una tua convinzione.

Vi state orientando tutti verso l'assertività. Noi, fino ad ora, abbiamo parlato di giudizio e di critiche. Siete consapevoli che giudicare non aiuta le altre persone, ma crea in loro rabbia o paura di sbagliare. Anche le critiche, se non sono utili, hanno lo stesso effetto. Criticare un comportamento è utile, può aiutare l'altro a migliorarsi, criticare la persona non lo è. "Tom, sei uno stupido", che cos'è?»

«Un giudizio», risponde pronto Tom.

«Prova a dare un tuo giudizio su Poldo», chiede Barry.

«Poldo è un cane impacciato.»

«Quindi questo giudizio non è utile per Poldo; che cosa avresti potuto dire?»

«Poldo è... non mi riesce, mi vengono sempre critiche negative. Trovo sempre i difetti, non i pregi. Poldo è... gentile.»

«Non è molto facile, se non si è abituati. Al contrario, siamo stati sempre tutti abituati a sottolineare gli errori, i difetti, convinti che se dici a uno che è stupido, quest'ultimo diventerà subito intelligente, ma intelligente come lo vogliamo noi, e che il nostro compito finisca qui. Ma siamo realmente convinti di aver aiutato l'altro o che l'altro volesse essere aiutato? Ora vi racconto come alcuni anni fa il grande Max, un San Bernardo, un cane enorme e fortissimo, mi aiutò a smettere di essere quel giovane e presuntuoso scavezzacollo che ero. Avrebbe potuto semplicemente dirmi: "Sei imprudente e scapestrato, devi essere più umile, devi imparare a stare attento".

Ma di che utilità mi sarebbero state tutte quelle parole? Non sarei certo cambiato. Era una giornata di nebbia fitta e nevicava. Max si era messo in cammino, io lo accompagnavo; dovevamo superare un valico. Max procedeva lentamente, ogni tanto rallentava l'andatura, altre volte si fermava. Non capivo che cosa stesse facendo, mi sembrava che perdesse tempo. Io volevo arrivare velocemente oltre il valico.

"Perché andiamo così lenti? Perché ti fermi sempre?", gli domandai, un po' spazientito.

Max mi disse soltanto: "Sto valutando, sto orientandomi, sento un pericolo vicino".

"Non vi è nulla, soltanto la nebbia, e non mi fa paura, io vado avanti", e mi allontanai da lui in direzione del valico.

"Fermati!", mi urlò Max. Io mi arrestai e lui mi raggiunse. "Ora ascolta la montagna, ricordati che la prima regola è ascoltare. La montagna ti sta parlando."

"Sento soltanto il mio cuore battere, e la mia fame."

"Stai fermo, respira lentamente e libera la mente dalla fretta." La sua voce era calma e rassicurante. Mi calmai e, dopo alcuni minuti, iniziai a sentire delle vibrazioni lievi, quasi impercettibili. Più le ascoltavo e più le sentivo fluire dentro di me. "Sento delle vibrazioni, ma non le capisco; che cosa sono?", chiesi, e iniziavo ad avere paura. Una paura che non avevo mai avvertito prima.

È la montagna, ci sta mandando delle vibrazioni per informarci che sta per arrivare una grossa valanga; riesci a capire da dove cadrà?"

Mi concentrai, la mia mente era rivolta al di fuori di me. Non sentivo più né la fame né l'impazienza. Ascoltavo. La montagna mi stava dicendo: "Vedi quel crinale, sulla tua destra? Tra poco inizierà a venire giù una valanga e sarà una grossa valanga. Stai fermo, non muoverti!". "Ho sentito, mi ha parlato, dobbiamo stare fermi e aspettare, non è il momento per continuare. La montagna ci ha salvato la vita!", dico con enfasi a Max e lui, sempre calmo e tranquillo: "Come vedi, la montagna ha parlato e tu hai ascoltato".

Sì, ma tu mi hai insegnato come fare; io avrei continuato, avevo fretta e fame. Tu non ti sei arrabbiato per la mia impazienza e la mia presunzione. Lo devo a te!"

"No, a me non devi nulla. Hai semplicemente seguito quello che ti stavo dicendo e hai imparato a controllare la tua impulsività; sei diventato umile."

Ho imparato da Max che **è bene tacere, se non si è in grado di trasferire abilità agli altri.** Durante i nostri incontri vi ho parlato del giudizio, dell'ascolto, delle domande, della gestione delle critiche, del dare, del non voler cambiare gli altri. Voi vi siete dimostrati d'accordo su quello che vi dicevo, ma condividere il mio punto di vista non vuole ancora dire acquisire nuovi comportamenti. Per anni avete avuto lo stesso atteggiamento, non è proprio possibile cambiarlo in un giorno. La fretta spesso confonde. Ci aiuta invece avere un chiaro programma in grado di sostenere le nostre nuove convinzioni. Ora aspettatemi.»

E, senza aggiungere altro, si dirige trotterellando verso il suo canile.

La catena
Dovere e fiducia

I cani sono perplessi, e dopo una breve attesa Tom dice:
«Che cosa ci farà fare ora?».
«Non è possibile dare una risposta, ce ne possono essere molte», sostiene Ula.
«Non vorrei che adesso mi facesse fare qualche esercizio che non mi piace.»
«Siamo qui per imparare; Barry sa che cosa deve farci fare!»
Tom è proprio molto irritato e replica furioso: «Tu non ragioni con la tua testa, non puoi accettare passivamente quello
che ti dice Barry».
«Non capisci, io ho fiducia in Barry e tu no, questa è la grande differenza fra te e me!»
«Io per principio non do mai fiducia, è l'altro che deve dimostrarmi di meritare la mia fiducia.»
«Ma così facendo parti da un'idea negativa dell'altro. Se si è sempre pronti a cogliere gli aspetti negativi dell'altro, è facile trovarli», risponde Ula un po' adirata.
I cani sono talmente assorti nella loro discussione da non

sentir arrivare Barry, che si accuccia dietro un masso per poter ascoltare senza essere visto.

Poldo, rivolto a Tom, dice: «Penso che Ula abbia ragione. Quando incontriamo un nuovo cane, se non gli diamo fiducia sarà impossibile creare un nuovo rapporto!».

Tom ora è molto irritato e dice: «Tu, Poldo, sei davvero un cane passivo, a te vanno bene tutti!»

Ula fissa intensamente Tom e, digrignando i denti, dice: «Ho un enorme desiderio di darti un bel morso, ma non posso farlo perché devo controllarmi!»

«Fin quando pensi che *devi* controllarti vuol dire che non sai controllarti», risponde prontamente Tom.

«Sto cercando di controllarmi, perché non è bene mordere un cane piccolo e stupido come te!»

«È vero, io sono piccolo, ma non stupido!», ribatte Tom, digrignando i denti.

«Avete iniziato un'interessante discussione!»

È la voce di Barry. I cani si girano e lo trovano accucciato. Barry si mette seduto e continua: «La apprezzo molto. Volevo farvi fare una prova, ma c'è tempo; avete introdotto due argomenti importanti, la fiducia e il dovere, non è vero?».

«Sì, ho capito che Tom non si fida di nessuno, per me è un modo di ragionare assurdo! Poi ha sostenuto che, fin quando devo controllarmi, vuol dire che non mi controllo, e ripensandoci può avere ragione», replica Ula.

«C'è del vero in ciò che dice Tom, tu non devi controllarti, tu sei in grado di controllarti. Il *devo* implica sempre uno sforzo, indica qualche cosa che siamo obbligati a fare, anche se non lo desideriamo.

Un giorno, mentre sto passeggiando in un bosco, vedo in distanza un uomo che sta chiamando il suo cane, che è a qualche centinaio di metri da lui. È un cucciolo di pastore tedesco. Il cucciolo non reagisce alla chiamata del padrone. L'uomo lo richiama e il cane, invece di ritornare da lui, si allontana ancora di più. A questo punto, l'uomo si mette a correre verso il cane che sta annusando una pianta e, appena lo raggiunge, inizia a percuoterlo dicendo: "Quando ti chiamo, devi venire subito da me!". Il cucciolo guaisce sotto le percosse e guarda con terrore il suo padrone. Non capisce perché venga percosso, lui stava esplorando l'ambiente. È normale per un cucciolo essere curioso, amare il gioco. Io non sopporto l'imposizione e rapidamente corro in direzione dell'uomo che, quando mi vede, si arresta e smette di picchiare il cucciolo. "Che cosa vuoi?", mi domanda con aria minacciosa. Mentre dice queste parole, il cucciolo si allontana dal suo padrone e si mette tra le mie zampe, cercando la mia protezione.

Guardo intensamente l'uomo con gli occhi serrati, ridotti a due fessure. L'uomo si allontana di un passo e io dico: "Tu, uomo, vuoi che il tuo cane stia con te per paura di essere punito o per il piacere di stare al tuo fianco? Vuoi avere un vero amico o un suddito che trema al suono della tua voce?".

"Deve ubbidirmi, è il suo dovere, io sono il suo padrone!"

"Tu, uomo, non sei il padrone di nessuno e non sei neanche padrone di te stesso."

"Perché ti intrometti, che diritto hai di farlo? Vai via, e lasciami solo con il mio cane, è mio!"

Il cucciolo continua a starsene tra le mie zampe e, quando l'uomo si avvicina a me con l'intenzione di prenderlo, si ritrae e si rifugia dietro di me. A questo punto, il mio muso si fa minaccioso e ringhio. È un semplice ringhio di avvertimento, ma l'uomo si ritrae; vedo il terrore sul suo volto. "Tieni pure questo stupido cane, se proprio lo vuoi, io vado via!" e, così dicendo, si allontana rapidamente.

Il cucciolo mi guarda e tra noi si crea un forte rapporto.

"Vieni con me, piccolo cane, ti troverò un giovane uomo che sappia abbracciarti quando ritorni da lui."

Il dovere ci viene spesso imposto da chi non è in grado di usare le carezze, che vuole imporre la sua volontà agli altri. Altrettanto, ogni volta che rivolgiamo a noi stessi il comando "devo", noi non facciamo che indebolire noi stessi. Impariamo, infatti, a usare la punizione anziché la lode come movente del nostro agire. Ci diciamo: "Devo essere ubbidiente perché ...", "Devo controllarmi perché ...", "Devo essere sempre attento perché ..." - Ma che cosa nasconde quel *perché?* Solo la paura, la paura di sbagliare, di essere puniti. Più ci diciamo "devo" e meno siamo cani assertivi.

Se facciamo qualche cosa di positivo, possiamo usare la lode verso noi stessi. La cosa risulta più facile se chi ci ha allevato ha usato la lode con noi. In ogni caso, potremo sempre imparare a sostituire "devo" con "ho piacere", "desidero".

Vedi, Ula, tu non *devi* controllarti ma tu *hai piacere* o *desideri* controllarti. Ti controlli per sentirti dire "Sei un bravo cane!" o perché sei soddisfatta di riuscire a farlo?»

«Sono contenta, mi dà piacere. È una mia conquista, lo sto facendo per me!»

«Quindi ditevi: **"ho piacere" di essere, NON "devo" essere...** Prima, vi ho sentito discutere sulla fiducia. Stavate esprimendo posizioni diverse. Poldo e Ula sostenevano che è bene iniziare un rapporto dando fiducia all'altro, mentre tu, Tom, sostenevi che la fiducia non si può dare, deve essere l'altro a meritarsela. Sono due posizioni opposte. Ora vi domando: Che vantaggi si possono avere a non fidarsi di un altro?»

Tom risponde: «Non si rimane delusi in seguito». Poldo interviene: «Io non riesco a vedere vantaggi».

Gino, guardando gli altri cani, dice: «Sono d'accordo con Tom. Fidarsi è sempre un grande rischio».

«Ditemi, che vantaggi si hanno nel fidarsi di un altro?»

Ula risponde: «Se si dà fiducia, si inizia a creare un rapporto, per me è importante!».

«Tu, Gino, che cosa ci dici in proposito?», domanda Barry.

«Che si incomincia a vedere gli aspetti positivi dell'altro. Non si è soltanto attenti a quelli negativi.»

Sorridendo, Barry domanda: «Perché io dovrei fidarmi di voi? Vi conosco da poco tempo».

«Hai ragione, non ci conosci, perché dovresti darci fiducia?», risponde subito Gino.

«Dare fiducia vuol dire credere in un altro. Io credo in voi, nelle vostre possibilità. Dare fiducia ci aiuta ad affrontare la vita con il sorriso. Non passiamo il nostro tempo a cercare di difenderci dagli altri. Può anche succedere che la fiducia sia stata mal riposta, ma non è un nostro problema.

Ora vi racconto un episodio di cui sono stato testimone alcuni anni fa.

Allora ero un giovane cane, ancora cucciolo, e come tutti i giovani ero molto impetuoso.

Mi sentivo sempre pronto ad affrontare le sfide. Se un cane o un umano mi criticavano o erano arroganti con me, reagivo subito male. Ero convinto che la vera forza stesse nell'opporsi immediatamente a chi non si comportava correttamente con me, fino al giorno in cui conobbi il grande Max, di cui vi ho già parlato. Passai alcuni giorni con lui. Mi insegnava come si soccorrono le persone e come si segue una pista. Io gli trotterellavo sempre dietro. Mi sentivo protetto da questo cane enorme.

Un giorno incontrammo un montanaro che ci invitò a stare alcuni giorni con lui. Era un uomo schivo e taciturno. Era molto magro e un po' curvo. Ci raccontò della sua vita. Non aveva amici e viveva da solo. Quando parlava degli altri montanari, lo faceva solo per criticarli; sembrava che nessuno gli andasse a genio. Poi, vedendoci molto stanchi, ci invitò a dormire in un fienile; noi, che avevamo molto sonno, ci addormentammo immediatamente.

Quando ci svegliammo, ci trovammo legati a un palo con un grosso collare. Io, terrorizzato, chiesi a Max che cosa potevamo fare e lui mi rispose tranquillamente: "Riposarci", e si rimise a dormire. Io pensai che fosse impazzito: eravamo legati a una catena e Max stava dormendo... Io non sapevo che cosa fare e mi misi a piangere. Al mio pianto Max si risvegliò, mi sorrise e con un solo movimento del suo potente collo strappò la catena dal palo. Poi chiuse le sue mascelle sulla mia catena, tirò con forza e mi liberò.

Tranquillamente uscì dal fienile. Vedendolo, il montanaro impallidì; sul suo viso si leggeva il terrore. Sorridendogli Max gli disse: "Grazie per l'ospitalità, abbiamo dormito bene, addio!". "Ma come fai a non dirgli nulla, a non mettergli un po' di paura?", gli dissi con rabbia, e continuai: "Ci ha traditi, noi ci siamo fidati di lui. Ci ha ospitati per imprigionarci, è un uomo malvagio!". Max, sempre calmo come se nulla fosse successo, mi disse: "Vedi, Barry, quell'uomo ha tradito se stesso, non noi. Noi abbiamo l'affetto di molti, lui non prova affetto neanche per se stesso. Questa è la sua vita, non la nostra". Da Max non sentii mai più una parola di disapprovazione per quell'uomo. Ora Max è morto, ma vive in tutti noi che abbiamo avuto il privilegio di conoscerlo. Era grande! Torniamo a noi e lasciamo Max correre felice nei cieli. Ora vi chiedo di andare dietro al mio canile; troverete alcune pietre per terra. Ogni pietra indica il luogo in cui dovrete scavare una buca. In ogni buca dovrà essere piantato un albero. Andate, io vi seguo.»

I cani si dirigono velocemente verso il canile e Barry li segue lentamente. Arrivati sul posto trovano le pietre, distanziate di pochi metri le une dalle altre.

«Ma sono moltissime, sono troppe! Non riusciremo mai a fare tutte quelle buche», afferma Gino.

«Non preoccuparti, Gino, vedremo come risolvere il problema. Ma ora, Gino, guarda quella montagna molta alta e distante da noi; la vedi?», domanda Barry.

«Mi sembra; è quella laggiù all'orizzonte?»

«Sì, come puoi vedere è molto distante. Secondo te, quanti giorni sono necessari perché un cane possa raggiungerla?»

«Non ho idea, forse venti giorni.»

«Ti sei avvicinato, ce ne vogliono circa venticinque.»

«Io non ci riuscirei, è un percorso troppo lungo.»

«Questa volta mi sembra che Gino abbia ragione. È troppo difficile e faticoso», afferma con sicurezza Tom.

«E voi, Ula e Poldo, pensate che abbiano ragione?»

«Io penso che potrei farcela; la strada da fare è molta, sarà faticoso, ma ci riuscirò», dichiara Poldo.

Ula interviene: «Anch'io ci riuscirò. Non sarà facile, ma tenterò comunque di raggiungerla».

Barry, guardando la montagna, dice: «Poldo e Ula, se vi dicessi di partire per la montagna sareste disposti ad andare?».

«Io sono pronta; e tu, Poldo?», chiede Ula.

«Io spesso provo disagio con i cani o con gli umani. Ma non con la montagna. Vengo con te! Quando dobbiamo partire?»

«Ula, che cosa ti spinge a farlo?», domanda Barry.

«La voglia di mettermi alla prova. Il desiderio di raggiungere quella montagna per poter vedere tutto dall'alto. Di potermi dire: "Ci sono riuscita!". Ora avverto un grande desiderio di partire. E tu, Poldo?»

«Sono curioso, voglio vedere luoghi nuovi. Allora, quando partiamo, Barry?»

«Se io vi dicessi che è molto difficile raggiungere la montagna, che pochi cani ci sono riusciti, andreste ugualmente?»

«Perché ci stai spaventando? Anche se è difficile, per me è meglio provare. Non voglio pensare che avrei potuto provare a raggiungere la montagna e non l'ho fatto!», afferma Poldo.

«Anche se nessun altro cane fosse riuscito a raggiungere la montagna, io andrei! Che cosa ci dici, Barry?», replica Ula con grande convinzione.

«Il sole sta calando, non è il momento di farvi partire. Potete dormire tutti nel mio canile, è grande e c'è una zuppa per tutti voi. Domani alle prime luci del sole partirete. Ora andiamo a mangiare.» I cani rientrano al canile dove trovano una bella ciotola di zuppa che li aspetta.

L'albero parlante
L'aspettativa

È l'alba. Poldo e Ula sono i primi a svegliarsi e ad alzarsi; sanno che li aspetta una difficile impresa. Nel sentire i loro movimenti, anche gli altri cani si svegliano.

«Andiamo a fare una colazione abbondante», dice Barry, dirigendosi verso l'uscita. Tutti i cani lo seguono allegramente. Trovano le ciotole piene di cibo e iniziano a mangiare.

«Ora che siete sazi, iniziate a scavare le buche dove ci sono le pietre. Con questo lavoro vi pagherete il cibo», dice Barry.

«Ma noi due dobbiamo partire subito per la montagna!», interviene prontamente Poldo.

«No. Voi non andrete su per la montagna, il vostro programma è cambiato, dovete scavare!»

«Ma non è giusto quello che ci stai facendo, non è da te cambiarci il programma», risponde adirata Ula.

«Ula, ti ha dato noia che abbia cambiato programma?»

«È ovvio, non ho dormito quasi tutta la notte pensando alla sfida che tu ci hai lanciato e noi abbiamo accettato!»

«Io vi ho creato un'aspettativa per poi deluderla. Le nostre aspettative che non si realizzano ci creano spesso rabbia e frustrazione. Non è vero?»

«Certo che ci creano rabbia, non è corretto suscitare false aspettative negli altri.»

«È vero, non è giusto. Ma nella vita non tutte le aspettative che abbiamo si realizzano, non è vero?»

Poldo, che fino a quel momento era rimasto appartato e in silenzio, interviene: «Hai ragione, Barry. A me capita spesso che non si realizzino, e ci rimango molto male. Ma mi rendo conto che star male non serve a tradurre in realtà le mie aspettative. Io mi ero visto mentre attraversavo le montagne e superavo tutti gli ostacoli. Nel pensarlo mi sentivo vivo e contento. Posso dire che sono disilluso e triste. Pensare che devo mettermi a scavare per fare delle buche non mi diverte. Non avrei avuto difficoltà a farlo, se non mi fossi immaginato su per le montagne!»

«Poldo, volutamente vi ho dato la possibilità di sognare, di vedervi in azione, e voi vi siete immersi nel sogno. L'avete fatto vostro, lo avete visualizzato. Eravate pronti a partire, e questo è molto. La paura del nuovo non vi avrebbe fermato. Ora voi due sapete e siete consapevoli che il nuovo, anche se è difficile, non vi spaventa, non è in grado di arrestare la vostra determinazione. Questa è una dote, ed è vostra.»

«Mi sono stupito anch'io di me stesso, quando ho dichiarato che sarei andato in montagna. Ho avvertito dentro di me una gran voglia di impegnarmi, di lottare!»

«Vedete, le aspettative che gli altri vi creano possono spesso non essere mantenute. Questo non dipende da voi, ma dal comportamento dell'altro. E potete soltanto stare male. Non fate che un'aspettativa che altri vi creano diventi totalmente vostra e vi entri dentro. Non lasciate che diventi parte di voi. Non vi appartiene. Ciò che è vostro è la determinazione, la curiosità. Questo, nessuno potrà portarvelo via.»

«Non è facile non soffrire quando un altro ti fa una promessa e poi non la mantiene. Quando il mio padrone mi dice: "Poldo, andiamo a farci una bella passeggiata", io mi preparo mentalmente e sono tutto eccitato. Mi vedo mentre corro nei campi. Vado anche a prendergli il guinzaglio e, quando glielo porto, lui ha cambiato improvvisamente idea senza dirmi nulla e devo rimanere a casa.»

«Sì, è vero, quando una promessa non viene mantenuta ti fa stare male. Ma stai male due volte: una prima volta, perché l'aspettativa non si realizza, una seconda perché ti arrabbi con chi te l'ha creata. Orienta subito la tua mente altrove e non continuare a seguire i tuoi pensieri legati all'aspettativa; non fanno che indurre frustrazione e provocare disagio. Ma avrete tempo per esercitarvi in queste situazioni.»

Interviene Ula: «Ma è una cosa che ci capita già quasi tutti i giorni. Su esperienze di questo genere, di aspettative non soddisfatte da altri, siamo molto esercitati. Non per questo abbiamo imparato a star meglio».

«Tutto dipende da come vivi l'esperienza. È molto importante ciò che uno dice a se stesso. Nel caso di Poldo, probabilmente si sarà detto: "Perché si è comportato così? Perché mi ha fatto una promessa e non l'ha mantenuta?". Ma queste domande non portano a nessuna risposta. Diventa importante rivolgere subito l'attenzione a se stessi e chiedersi: "Che cosa posso fare per non stare male? Come posso distrarmi?". Noi possiamo modificare il nostro comportamento, ma è molto difficile, invece, cambiare gli altri.»

«Ma allora, se uno non si arrabbia, diventa passivo, e io lo sono già», sostiene Poldo.

«No, Poldo, è il contrario: arrabbiarsi è come subire. Non è di alcuna utilità. Se un tuo desiderio non si è realizzato, non serve né chiudersi in se stessi né arrabbiarsi con chi ti ha disilluso. Quindi, accetta la situazione, presta attenzione a te stesso e convinciti che: **non devi stare male, se non si realizza una tua aspettativa.**

Non vi dico che sia facile pensare così, ma questo è il modo migliore per passare all'azione, per porsi nuovi obiettivi.

Vi racconto una storia di Max. Era un giorno di tormenta e un viandante che avrebbe dovuto arrivare all'ospizio si era perso. Max inizia a cercarlo. Non riesce a trovare le sue tracce, ma non vuole arrendersi all'evidenza. L'uomo è introvabile. La determinazione di Max è grande, deve riuscire nell'impresa. Dopo ore di ricerca, ritorna esausto al suo canile. Tutto è stato inutile, e l'uomo non verrà mai più ritrovato. Per Max non trovare l'uomo è stato un insuccesso così grande da mettere in dubbio anche la sua capacità di cane San Bernardo, e si deprime. Si chiude in se stesso e non si muove dal suo canile. Un giorno, i monaci gli portano un cucciolo di San Bernardo. Come tutti i cuccioli è vivace e curioso. Un giorno esce dal canile e si perde. Max sente un flebile guaito in lontananza: è il cucciolo. Parte subito alla ricerca e in poco tempo lo trova. Appena lo vede, diventa subito consapevole della sua missione: aiutare. Il suo orgoglio ferito lo aveva portato alla frustrazione e alla rinuncia. Comprese come spesso aspettativa e orgoglio siano uniti: infatti, un'aspettativa che non si realizza, se vissuta come un fallimento personale, si accompagna all'orgoglio.»

Poldo interviene: «Tu ci hai presentato un primo caso, quando gli altri ti possono creare aspettative, e poi un secondo, quando siamo noi a crearci aspettative. È l'esempio di Max. Ma quando gli eventi della vita ci piombano addosso come una disgrazia fatale, come possiamo reagire? Mi ricordo di un levriero che, quando era con gli altri cani, li sfidava alla corsa. Era sempre il primo. Partivamo tutti insieme e subito ci distanziava, poi si fermava e ci guardava, come per dirci: "Provate a prendermi!" e ripartiva di corsa. Un giorno scivola e cade in un fosso; i soccorritori riescono a estrarlo ma ha una zampa spezzata. Provano ad aggiustargliela, ma la zampa non ritorna più come prima. Il levriero non poté più correre. La corsa era la sua vita. Non si aspettava certo di diventare un cane invalido. In casi come questo cosa è possibile fare?».

«Non vi è altra possibilità: **accettare che la realtà è quella che si ha davanti e non quella che vorremmo che fosse.** Questa prima credenza ci potrà aiutare a convincerci che: **si può usare solo ciò che si ha.**»

«Ma allora non ci si devono creare aspettative? Una vita senza aspettative è vuota!» È Tom a intervenire.

«No, Tom. Ciò che è importante è non dipendere dalle aspettative, cioè non subirle. Ora venite tutti con me, seguitemi!» e Barry si avvia verso un albero molto alto e con un grande tronco. Arrivati sotto l'albero, Barry dice: «Guardate attentamente e ditemi che cosa vedete».

«È un semplice albero, non c'è niente da vedere», risponde prontamente Tom.

«È un albero molto vecchio, comunica forza e solidità. Sembra che nulla possa distruggerlo», dichiara Poldo. Gino interviene: «È vero, mi dà un senso di pace. È l'albero più grosso che io abbia mai visto!».

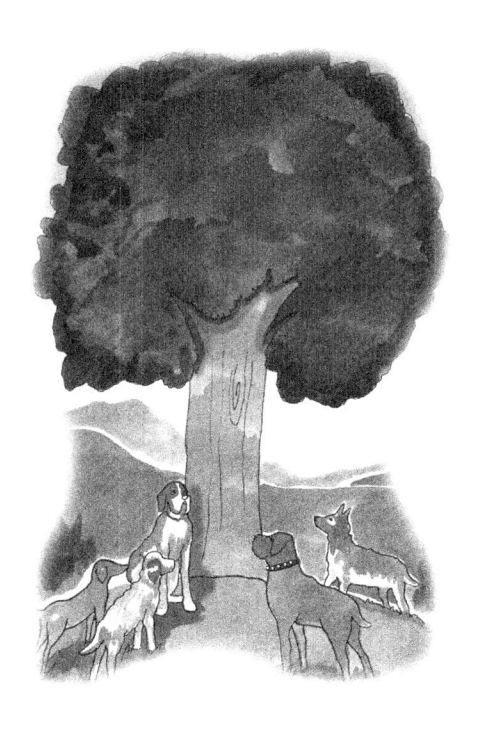

Barry guarda attentamente i cani e dice: «Vi chiedo di chiudere gli occhi e di concentrarvi; se state attenti, l'albero vi parlerà o vi farà sognare».

I cani si concentrano, immobili di fronte all'albero, come pietrificati. Il primo ad aprire gli occhi è Tom; pare irrequieto e nervoso. Ma tace, vedendo gli altri cani assorti e immobili. Poi è Ula ad aprire gli occhi. Pare lievemente irritata. Gino e Poldo sono ancora immobili e il loro muso è sereno. Pare che siano in trance. Trascorre ancora molto tempo. Tom e Ula non riescono a stare fermi. Ma Barry con lo sguardo li blocca. Poi, Gino e Poldo si svegliano. Sono calmi e rilassati; il loro muso è sereno.

«Che cosa hai sentito, Tom?», chiede Barry.

«All'inizio niente; poi ho percepito un lieve fruscio. Sono stato più attento. Ma stavo pensando che questa era una prova stupida. Non serve ascoltare gli alberi. Poi una voce, che parlava molto lentamente, mi ha detto: "Attento alla tua strada, può essere il tuo destino". Poi ho visto una strada in discesa e io la stavo percorrendo velocemente. In fondo c'era un pozzo molto profondo e io ci sono caduto dentro. Mi sono spaventato e ho interrotto il sogno. Mi sono svegliato.»

«Che cosa hai provato, Ula?» domanda Barry.

«Appena ho chiuso gli occhi, ho sentito una voce che arrivava dall'alto e mi ha detto: "Non sei libera!". Ho incominciato a vedermi con un masso legato sulla schiena. Potevo muovermi solo lentamente e dovevo girare in tondo. Non potevo fermarmi. Provavo angoscia e mi sono svegliata.»

«Poldo, che cosa hai provato?», domanda Barry.

«Ho subito sentito una voce che mi diceva: "L'oscurità non ti appartiene". Sono rimasto stupito, e mi sono trovato immerso in una notte fonda. Mi sono perso in un bosco molto fitto. Provo sconforto. Vedo in distanza una luce e mi dirigo in quella direzione. Più mi avvicino alla luce, più il cielo si fa chiaro. Il buio scompare e mi trovo in una giornata radiosa, piena di sole. Voglio uscire dal bosco. La strada è molto in salita, fatico, ma so dove voglio arrivare. Mi sveglio e mi sento più sicuro di me.»

Barry, guardando Gino: «Tocca a te, Gino; raccontaci!».

«È stato tutto molto strano. All'inizio non sentivo nulla, e provavo disagio. Mi sono detto: "Non riesco a sentire nulla, sono un cane diverso dagli altri. Sono sicuro che gli altri ci riescono". Percepivo soltanto il vento tra le foglie. Poi una voce ha incominciato a sussurrarmi: "Non attribuirti più valore di quello che già hai". Sono rimasto stupito. La voce si è fatta più suadente e ha continuato a ripetermi: "Non attribuirti più valore di quello che già hai". Più ascolto la voce più mi calmo. Avverto pace e serenità. In quel momento mi sveglio.»

Barry rimane seduto e li osserva per alcuni secondi, poi inizia a parlare: «Ciò che avete sentito o visto è l'aspettativa del futuro. L'aspettativa non è soltanto legata agli altri o alle situazioni della nostra vita. È anche una proiezione del nostro comportamento. Il nostro modo di essere influenza il nostro destino. Più noi ci comportiamo in un certo modo, più dobbiamo aspettarci che quel comportamento diventi il nostro carattere e, di conseguenza, il nostro destino. Tom ha visto un pozzo da cui non può uscire. Ula si è vista con un masso sul dorso, obbligata a girare sempre in tondo. Gino e Poldo, avete avuto un messaggio di speranza, che vi proietta verso un cambiamento. Aspettatevi sempre che: **più fai ciò che stai facendo, più influenzerai il tuo destino.**

Ora andiamo, dove scaverete le buche, e poi mangerete».

Le buche
Azione e direzione

Arrivati dietro il canile, Barry dice: «Dovete fare delle buche delle dimensioni giuste per poter piantare degli alberi. Gli alberi sono in quel casolare lassù» e lo indica.

«Non è possibile scavare, se non conosciamo le dimensioni delle buche!», afferma immediatamente Tom.

«Devono poterci stare degli alberi.»

«Ma quanto devono essere alte e larghe?» È Ula a parlare.

«Non conosco le dimensioni. Provate a ragionare sul problema. Se non arrivate a una soluzione, potrete farmi due domande. Buon lavoro.» Così dicendo, si accuccia e si appisola.

Rivolto agli altri, Tom dice: «Non conosciamo le dimensioni, l'unica cosa che possiamo fare è iniziare a scavare delle buche un po' larghe e profonde. Ho contato, ci sono sedici pietre, quindi dobbiamo fare quattro buche a testa. Iniziamo».

Ula, innervosita dall'ordine di Tom, dice: «Perché allora non farle piccole? Gli alberi non saranno tanto grossi. Andiamo a fare le buche, ma facciamole piccole».

Tom è pronto a reagire: «La realtà è che tu non vuoi fare le buche. Dici di farle piccole perché non hai voglia di scavare!».

«Non è vero, ora vado a scavare le buche. Sono sicura che andranno bene. Tu, Tom, puoi scavare le tue.»

«Io sono il più piccolo, perché dovrei scavare buche grosse?»

«Sei tu che le vuoi scavare, io non ti obbligo.»

Tom si dirige verso la prima pietra, che indica il luogo dello scavo della prima buca, e con rabbia inizia a scavare. Anche Ula inizia a scavare la sua buca. Poldo e Gino li osservano perplessi, non sanno che cosa fare.

Gino interviene: «Io mi metto a scavare delle buche di media dimensione, così saremo più sicuri.»

«Ma come vi state comportando? Non mi sembra la soluzione giusta. Fermatevi! Vediamo di analizzare il problema. Pensiamo alle domande da fare a Barry.»

Ula e Tom si fermano e Tom dice: «Abbiamo già chiesto a Barry di dirci le dimensioni delle buche e lui ha detto che non le conosce, quindi non serve fargli domande. Lui vuole solo vedere se siamo capaci di passare all'azione».

«Poldo ha ragione», afferma Ula, e continua: «io ho iniziato a scavare per dimostrare a Tom che non sono un cane pigro. Sono stata impetuosa, com'è nel mio carattere. Mi sono sentita ferita nel mio orgoglio. Sono consapevole che non deve essere l'orgoglio a guidare le mie azioni».

Poldo, calmo e controllato, domanda: «Pensiamo a ciò che ci ha detto Barry prima che iniziaste a scavare».

«Ci ha detto che le piante sono nel casolare a poca distanza da qui», risponde Ula.

«Se potessimo vedere le piante ci sarebbe utile. Non credi?»

«Certamente. Vedendole potremo avere un'idea precisa delle dimensioni delle buche.»

«Che domande pensate che si possano fare a Barry?»

«Se è possibile andare al casolare ed entrarvi per vedere le piante. Andiamo a chiederglielo», dichiara con convinzione Ula.

I cani si dirigono di corsa da Barry, che se ne sta disteso e sta sonnecchiando.

Quando gli sono davanti, Ula domanda: «Abbiamo da porti le due domande che ci hai concesso. La prima è: possiamo andare al casolare?».

«Potete andare al casolare. Non vi sono problemi.»

«La seconda domanda è: possiamo entrare a vederle?»

«Il casolare è aperto. Potete entrare e prendervi tutto il tempo che volete per esaminare le piante.»

I quattro cani si dirigono rapidamente al casolare. Quando lo raggiungono, entrano e trovano gli alberi. Li osservano attentamente e capiscono in fretta quali dovranno essere le misure delle buche.

Rapidamente ritornano al luogo dello scavo, e si mettono a scavare con foga. Il sole sta segnando mezzogiorno e le buche sono state fatte. Ora tutti i cani sono contenti e osservano con soddisfazione il lavoro svolto.

Barry si avvicina loro e dice: «Siete stati bravi, avete fatto le buche in poco tempo. Ho osservato che all'inizio avevate qualche problema, non è vero?»

Ula dichiara: «Sì. Perché non avevamo capito le tue istruzioni. Non ci avevi dato tutte le informazioni necessarie».

«È vero. Io vi avevo solo indicato il risultato da ottenere, senza fornirvi altre istruzioni. Stava a voi scoprire le condizioni che vi avrebbero consentito di risolvere il problema. Avete avuto delle difficoltà. Vi stavo ascoltando mentre discutevate. Ora però sono interessato a conoscere il vostro punto di vista sulla vostra discussione.»

È sempre Ula a parlare: «Mi sono messa a discutere con Tom e la nostra diversa posizione ci ha allontanato dal problema reale. Abbiamo pensato soltanto a scavare; siamo stati troppo precipitosi».

Barry domanda: «Come siete riusciti a smettere di scavare, dimmi, Ula?».

«Grazie a Poldo. Devo ammettere che è un cane molto equilibrato, io invece avrei continuato a scavare con sempre maggior foga e rabbia.»

«E tu, Tom?», chiede Barry.

«Anch'io avrei continuato a scavare le buche. Non ho prestato attenzione a Poldo, ma, quando ho visto che Ula si fermava, ho deciso anch'io di smettere di scavare.»

«Così hai smesso di scavare; è stato Poldo a convincerti?»

«Poldo mi ha fatto capire che non avevo individuato il problema. Sono troppo orgoglioso. Non ascolto mai molto il punto to di vista degli altri.»

«Mi state dicendo che prima di lanciarsi verso un obiettivo diventa importante fissare la direzione, è vero?»

«Sì, Barry, l'abbiamo imparato», dichiara Tom.

«Se non fissi la direzione puoi trovarti a percorrere un'altra strada e non essere in grado di ritornare al punto di partenza. Voi avete iniziato il percorso: scavare le buche. Avreste scavato buche a caso. Non avete preso subito la strada migliore, come scoprire le giuste dimensioni delle buche, perché avete seguito le vostre emozioni, forse la rabbia o l'orgoglio, il che ha limitato la vostra capacità di guardare il problema con distacco. La mia richiesta non conteneva i vincoli che all'inizio avete dato alla vostra azione. Eravate liberi di esplorare e, quindi, di raccogliere tutte le informazioni necessarie. Le vostre emozioni non sono state dei buoni consiglieri. Quindi: **prima di passare all'azione fissare la giusta direzione dell'agire.**

Un cane che deve cercare una pista annusa attentamente il suolo, si orienta. Quando è sicuro, parte alla ricerca, non si muove certo a caso. Mi dite che avete capito che cosa sia importante fare. Ma ricordatevi che aver capito che cosa fare non vuole ancora dire essere capaci di fare.

Ora vi sottopongo a un'altra prova: osservate attentamente quell'albero; è vicino a voi, dista soltanto pochi passi. Ora chiudete gli occhi. Li riaprirete quando io ve ne darò il permesso. Quando vi darò il via, inizierete a girare su voi stessi, prima a destra. Quando vi dirò di fermarvi, cambierete direzione, dovrete girare a sinistra. Via! Iniziate a girare.»

I cani girano a destra; dopo cinque giri, Barry li ferma e li fa ripartire a sinistra. Dopo altri cinque giri li ferma e dice:

«Ora, sempre a occhi chiusi, provate ad andare in direzione dell'albero; sapete che è a pochi passi da voi».

Tutti i cani si muovono subito, tranne Poldo, che rimane sul posto e annusa il terreno. Tom va nella direzione opposta all'albero. Ula va a destra e Gino a sinistra. Poldo continua a rimanere al suo posto ad annusare il terreno.

«Ora potete fermarvi e aprire gli occhi.»

I tre cani si fermano e aprono gli occhi. Barry domanda loro:

«Eravate convinti di andare nella direzione giusta?»

Tom risponde prontamente: «Io ne ero certo. Mi sono stupito di trovarmi nella direzione opposta».

«Anche per me è stata una sorpresa», sostiene Ula.

Gino, ancora stupito di essere distante dall'albero, dichiara: «Quando sono partito, avevo dei dubbi, non ero sicuro, ma tu ci hai detto di andare verso l'albero e io ho eseguito».

Poldo, che era rimasto al suo posto, interviene: «Quando ci hai detto di andare verso l'albero, ho pensato alle informazioni che potevo raccogliere per muovermi nella giusta direzione. Quando ci hai detto di girare a destra, eravamo davanti all'albero. Sono partito spingendo con forza con le zampe posteriori e ho lasciato per terra dei solchi profondi. Annusavo proprio per ritrovare i solchi che avevo fatto, e quando mi hai detto di aprire gli occhi li avevo trovati».

«E ora, infatti, sei in direzione dell'albero», dichiara Barry.

«Io vi avevo chiesto di andare verso l'albero, non di muovervi a caso. Come potete osservare dal luogo in cui siete, è spesso più facile passare all'azione e sbagliare il bersaglio che stare immobili e pensare prima di agire. Quindi ricordatevi che: **la fretta non è amica della pianificazione.**

Un obiettivo si raggiunge individuando prima la direzione e muovendosi a piccoli passi. Forse in alcuni casi è possibile raggiungere il traguardo con un solo salto, ma saltando è anche facile farsi molto male.

Durante la vostra discussione sulle dimensioni delle buche, alcuni di voi hanno mostrato la tendenza ad andare subito in opposizione. Il che non vuol dire che non si possa essere in disaccordo con il punto di vista dell'altro. Essere in disaccordo però non vuol dire aggredire o sentirsi offesi.

Domani affronteremo un altro esperimento: vi presenterò e vi farò provare il percorso della corretta opposizione.

Per oggi abbiamo finito, ma prima di lasciarci andiamo tutti a fare una bella corsa in montagna, è sempre bene finire la giornata con un po' di movimento. Dopo, ritornerete a casa. Domani staremo tutto il giorno insieme. Portatevi del cibo. A domani, alle prime ore del giorno.»

Il bastone nascosto
Il percorso della corretta opposizione

Si è alzato da poco il sole. Barry vede arrivare i quattro cani e li saluta: «Ben arrivati! Siete puntuali come sempre; mi fa piacere, e vedo che avete portato il cibo con voi. Vi consiglio di iniziare a mangiare, perché non so se ne avrete il tempo durante il giorno. Ci aspetta una lunga corsa fino al lago che è più a valle». I cani iniziano a mangiare rapidamente. Appena hanno terminato, Barry li invita a seguirlo. Procede velocemente, la strada è in discesa ed è un percorso facile. Stanno già trotterellando da un po' di tempo, quando Barry, mentre stanno attraversando un bosco, dà l'ordine di fermarsi e dice: «Sapete perché vi sto portando al lago? Provate a darmi una risposta».

Ula interviene: «Perché vuoi farci vedere dei pesci, penso proprio che ve ne siano molti nel lago».

«Io penso che sia per farci fare una nuotata. È una bella giornata calda», dice Tom.

Poldo scuote il capo e dice: «No, è per farci fare un po' di movimento e bere l'acqua fresca del lago».

«Ma a me sembra più logico che ci stia portando per farci

vedere il lago che non conosciamo», dichiara Gino.

Barry interviene: «Quattro punti di vista diversi e nessuno è d'accordo con l'altro. Ogni punto di vista è valido, fino a che lo consideriamo solo un'ipotesi. In questo caso, non si verifica una reale opposizione. Il problema sorge quando chi parla è convinto di possedere una verità che, per quanto basata sulla sua esperienza, e perciò limitata, crede debba valere per tutti gli altri. Ora io prendo un ramo, mi inoltro nel bosco e nascondo il bastone. Andrò poi a fare una breve escursione nel parco e, quando sarò di ritorno, spero che abbiate già trovato il bastone. Uno di voi dovrà andare a cercarlo; se ci riesce andremo tutti a vedere il lago, in caso contrario tornerete a casa. Decidete chi deve andare. Io intanto vado a nascondere il pezzo di legno e a farmi un giretto».

Barry prende in bocca il ramo e si avvia nel bosco.

«È molto semplice», dichiara Tom. «Io sono un cane che riesce a trovare le tracce, ci vado io.»

Ula reagisce con rabbia a questa affermazione: «Io sono un pastore tedesco, mi hanno insegnato a trovare le piste, tu sei soltanto un piccolo cane da salotto!»

«Che cosa dici?!? Io non sono un cane da salotto. Noi siamo cani da caccia.»

«Ma quale caccia, se non hai mai cacciato niente... Tu abbai soltanto agli uccellini che entrano nel tuo giardino.»

Gino tace; è consapevole di non essere un cane così bravo a seguire le tracce. Una volta aveva provato, ma senza risultato. Da allora aveva desistito.

Interviene Poldo: «Come cane da caccia ho fiuto, posso andare io. Sono insicuro su molte cose, ma non sul mio fiuto».

Ula guarda attentamente Poldo; nel suo sguardo c'è molta disapprovazione, e dice: «Un cane insicuro lo è anche nella ricerca. Ha sempre dei dubbi!»

Poldo tace e si chiude in se stesso. Sentirsi dire che non è capace a cercare gli provoca un dolore superiore a un morso violento, gli entra dentro e lo paralizza.

Ula si rende conto di aver esagerato ad aggredire Poldo e dice: «Mi dispiace per ciò che ti ho detto, sei stato bravo a risolvere il problema delle buche. Sono troppo impulsiva, è il mio carattere, sono fatta così. Anche l'albero me lo ha fatto capire. Devo stare attenta al mio modo di comportarmi. Penso che dovresti andare tu! Siete tutti d'accordo?». Gino si dichiara subito d'accordo. Tom invece afferma: «Io non ho nulla contro Poldo ma penso di essere migliore di lui».

«Questo è il tuo punto di vista, noi tutti vogliamo che vada Poldo e tu, Tom, devi accettarlo», dichiara Ula.

«Io accetto, ma non sono d'accordo, ci dovrebbe essere un altro sistema per vedere chi è il più bravo.»

«Allora vado», dice Poldo e, mentre sta per muoversi, vede Barry che chiede loro: «Siete stati veloci, fatemi vedere il bastone che avete trovato!»

Poldo, che stava per partire, dichiara: «Beh, veramente non ancora. Non è stato facile trovare un accordo su chi di noi dovesse andare, ma alla fine hanno scelto me».

«Sono contento per la scelta. Non è tanto facile trovare un accordo, non è vero?»

«Abbiamo discusso animatamente: ognuno di noi era convinto di essere il migliore nella ricerca», afferma Ula.

«Avete potuto verificare come sia difficile accettare il punto di vista dell'altro e trovare un accordo. Poldo, vai pure a cercare il bastone; noi ti aspettiamo e dopo vedremo che cosa si intende per corretta opposizione.»

Poldo parte. Inizia a seguire la pista lasciata da Barry. Per lui è molto facile, Barry è passato da poco. Il suo odore è presente sul percorso. Inizia a salire, entra nel fitto del bosco. Gli sembra di avere perso la traccia. Ma capisce che Barry ha fatto un salto per superare un tronco. Ritrova la traccia e la segue. Le tracce arrivano a un ruscello e si perdono nuovamente. Poldo rapidamente controlla le sponde e non percepisce l'odore di Barry che probabilmente ha camminato nell'acqua. Poldo non si scoraggia e inizia ad avanzare nel ruscello. Ha la percezione che Barry sia risalito lungo il corso d'acqua. Controlla le sponde e ritrova la traccia. La segue e trova il bastone, nascosto sotto un albero. Poldo è soddisfatto di sé. Sa di essere sempre un cane abile nel trovare le tracce. Rapidamente torna dai suoi amici, che si erano distesi a riposare. Tutti sono stupiti di vederlo ritornare in così poco tempo e gli vanno incontro festosi.

Ula è la prima a complimentarsi con lui: «Sei stato bravo! In pochissimo tempo hai trovato il bastone. Probabilmente non hai mai perso la traccia, è vero?»

Poldo risponde: «L'ho persa, ma sono riuscito a ritrovarla».

Non accenna alle difficoltà incontrate, non ama vantarsi.

Interviene Barry: «Sono stupito che tu sia riuscito a ritrovare rapidamente le mie tracce. Ho fatto tutto il possibile per nasconderle. Sei stato bravo due volte: la prima, perché le hai ritrovate, e la seconda, perché non ti sei vantato della tua bravura. Mi avete detto di avere discusso animatamente prima di trovare un accordo. Essere cani assertivi significa avere i propri punti di vista ma anche accettare quelli altrui. Attaccare o subire non sono comportamenti costruttivi. È necessario esporre con gradualità le proprie idee rimanendo calmi. Così facendo si rispetta se stessi e gli altri. Ricordatevi che: **il percorso del disaccordo parte dalla comprensione e non dall'opposizione**.

Ora, chi di voi non si sente di seguire una traccia?».

«Io», risponde prontamente Gino, e aggiunge: «non ho partecipato alla discussione perché non avevo molto da dire».

«Immaginate che io chieda a Gino di andare a cercare un bastone che ho appositamente nascosto.»

«Se fossi Gino, mi rifiuterei di andare», dichiara Tom.

«Io accetterei di andare a cercarlo, anche se so di non essere così bravo. Subirei la tua richiesta», afferma Gino.

Barry interviene: «Tu, Tom, ti opponi immediatamente e questo comportamento può creare un conflitto con me. Si inizia subito una discussione. Tu, Gino, subisci e non sarai soddisfatto di te stesso. Un corretto percorso di disaccordo è fatto di sei passi: **affermare, capire, facilitare, spiegare, discordare, offrire.**

Il primo passo è dire: "Sì", *affermare*. Non vuol dire accettare ma preparare l'altro a ciò che si sta per dire. Vi può sembrare strano iniziare con un "Sì". Ma se si inizia con il "No", l'altro può non essere più disposto ad ascoltare. Anzi, può consolidare il suo punto di vista.

Il secondo passo è *capire* che la posizione dell'altro è influenzata dalle sue esperienze. È necessario riconoscerle. Si può dire: "Capisco il tuo punto di vista, in base alla tua esperienza tu ritieni che…"

Tu, Gino, avresti potuto dirmi: "Capisco il tuo punto di vista, tu hai sempre trovato tracce di persone e cose". Quando l'altro si sente compreso può ridurre la sua opposizione.

Il terzo passo è *facilitare* la spiegazione che seguirà; in questo caso, è opportuno usare frasi del tipo: "Desidero spiegarti le mie ragioni", "Lascia che ti illustri brevemente il mio punto di vista". Che cosa avesti potuto dirmi, Gino?»

«Avrei potuto dirti: "Mi piacerebbe dirti qualcosa circa…"»

«Molto bene!», afferma Barry, facendo un cenno di approvazione con la testa, e continua: «Il quarto passo è *spiegare* le proprie ragioni o giustificare la propria posizione. Si può spiegare come si è giunti al proprio punto di vista. Nel tuo caso, che cosa avresti potuto dire?»

«Avrei detto brevemente: "Ho provato più di una volta a cercare oggetti, ma non ci sono mai riuscito. Quando ci provo, sono già convinto di non riuscirci. Troppe volte ho fallito.»

«Le tue ragioni mi sembrano chiare. Ora passiamo al quinto passo, che è *discordare*. In questa fase è di aiuto il "quindi". Le frasi da usare sono del tipo: "Quindi penso che sia un errore…", "Quindi non posso accettare di…" Nel tuo caso avresti potuto dire: "Quindi non posso accettare la tua richiesta di andare a cercare il bastone". In questa fase non è opportuno aggiungere ulteriori spiegazioni. Ora arriviamo all'ultimo passo, che è *offrire* un compromesso. Questo passo non è sempre necessario. Si può fare quando il compromesso non è troppo costoso per noi o può darci qualche vantaggio. Che cosa avresti potuto dire, Gino?»

«Avrei scelto un compromesso che mi sarebbe stato utile per migliorare le mie abilità dicendo: "Potrei andare, se tu provi a insegnarmi come si fa una ricerca" o "Potrò seguirti in una tua ricerca per imparare".»

«Ed io avrei accettato volentieri il tuo punto di vista», afferma con convinzione Barry, e continua: «avete ora davanti a voi un sentiero fatto di pochi ma efficaci passi, che vi portano a raggiungere il vostro obiettivo senza andare in opposizione e quindi a mantenere un buon rapporto con l'altro. Ricordate che soltanto con l'esercizio riuscirete a padroneggiare tutti i passi verso il corretto disaccordo.

Nella vostra discussione siete arrivati a un accordo, forse perché qualcuno di voi non si è irrigidito troppo sulla sua posizione. Quindi: **la vera forza non sta nell'opporsi ma nel saper mediare.**

È tempo di andare al lago». Parte subito al trotto, seguito da tutti i cani.

Il lago
La conoscenza non basta

La strada è in discesa, ed è piacevole trotterellare nel bosco; il clima è mite ed è una bella giornata di sole. Dopo circa un'ora, dall'alto, vedono in lontananza il lago. È un piccolo lago di montagna, l'acqua ha il colore verde degli alberi che lo circondano. Il sentiero è scomparso, uno strapiombo si affaccia sulla conca del lago che si apre in basso.

«Ora scendiamo al lago», dichiara Barry.

«Ma è impossibile, non c'è il sentiero. Mi sembra una decisione impraticabile», afferma Gino.

«Siete tutti della stessa idea?», domanda Barry.

«Penso che tutti siano d'accordo, è proprio impossibile raggiungerlo», dice Tom.

Anche Ula si dichiara d'accordo. Poldo scuote il capo, non concorda con gli altri e dice: «Penso che, se ci fermiamo all'evidenza, può sembrare impossibile raggiungerlo. Ma forse è bene valutare se esiste un altro percorso. Sono convinto che in qualche modo riusciremo ad arrivare al lago».

«Avete espresso due posizioni opposte: non si può raggiungerlo ed è possibile arrivare al lago. Voi avete già fatto delle esperienze insieme. Avete scavato le buche della giusta dimensione e avete trovato un accordo su chi inviare a cercare il bastone. In entrambi i casi avete risolto il problema. Avete capito come sia importante l'atteggiamento che si ha verso un problema. Se tutti vi foste detti: "Le poche informazioni di cui disponiamo non bastano. Ci occorre cercare ancora per sapere come scavare le buche", avreste formulato bene il problema e vi sareste subito messi alla ricerca della soluzione. Se riteniamo in partenza che non sia possibile arrivare al lago, torneremo indietro con la convinzione che sia irraggiungibile. L'atteggiamento che abbiamo di fronte a un problema ne condizionerà la soluzione. Anche non arrivare al lago è una soluzione, come lo è raggiungerlo. Che vi diciate **"ci riuscirò"** o **"non ci riuscirò"**, avrete comunque ragione, **avrete trovato una soluzione, ma non è detto che sia la soluzione del problema.**

Poldo, quando vi ho fatto fare l'esercizio di ruotare a occhi chiusi per poi dirigervi verso l'albero, che cosa hai pensato?»

«Ho pensato a come risolvere il problema. Mi è venuto naturale, non ho faticato. Prima ho individuato l'obiettivo, orientarsi verso l'albero, poi ho pensato ad alternative possibili. Ne ho valutate alcune: la prima, sentire se percepivo l'odore dell'albero; la seconda, provare a contare quanti giri avevo fatto dal punto di partenza; la terza, quella che ho scelto, trovare le tracce delle mie zampe, lasciate profonde sul terreno, quando ho iniziato a girare rapidamente su me stesso. Ho scartato la prima. Non ero sicuro di riuscire a sentire l'odore. E anche la seconda. Ho perso il conto dei giri che avevo fatto. Mi sono affidato alla terza. Quando mi hai chiesto di aprire gli occhi, io ero già sul punto di muovermi, e ho avuto la conferma che la mia decisione era quella giusta.»

Barry fa dei cenni di approvazione con il capo e dice:

«Quindi il tuo atteggiamento era del tipo: il problema ha

una soluzione. Poi lo hai definito: orientarsi correttamente. Successivamente hai prodotto diverse soluzioni alternative e hai deciso per la terza. Hai potuto verificare che era quella giusta. Quindi il giusto percorso per decidere è: **l'atteggiamento nei confronti del problema, definire il problema, produrre soluzioni alternative, prendere la decisione e verificare.**

Ora, anche in questo caso, se sia possibile o meno raggiungere il lago, dovrete produrre più di una soluzione. È semplice generare una sola decisione, e dire poi che è irrealizzabile ha il suo vantaggio. Se dichiariamo: "Non si può o non sono in grado di risolvere il problema", troveremo probabilmente qualcuno che lo risolverà per noi. Quest'ultimo sarà soddisfatto per aver risolto un problema e noi per non aver faticato a risolverlo. Ora vi risolverò io il problema, perché voglio arrivare al lago prima che il sole tramonti. Dobbiamo ritornare indietro, girare a destra e camminare nel bosco per circa un'ora. Il percorso scende lentamente verso valle e poi prosegue per un breve tratto in piano, e questo ci consentirà di raggiungere il lago».

«Come avremmo potuto sapere di dover andare a destra e non a sinistra?», domanda Tom, non molto convinto della spiegazione di Barry su come si debba affrontare un problema.

«Ricorda che cosa l'albero ti ha fatto vedere. Nel pozzo in cui sei entrato, la voce ti ha detto: "Stai attento, la tua strada diventerà il tuo destino".» Barry si avvia verso il bosco, mentre Tom diventa molto pensieroso.

Arrivano al tramonto sulle sponde del lago, quando il sole proietta sull'acqua le ombre degli alberi che lo circondano.

«Sono stanco e ho fame!», dice Gino con voce flebile, quasi si vergognasse di ciò che afferma.

«Penso che tutti abbiano voglia di mangiare; non è un problema, nel sottobosco ci sono sempre radici buone e nutrienti da mangiare. Provate a scavare vicino a quell'albero e forse ne troverete quante ne volete.» E nel dire così, indica degli alberi a pochi metri dal lago. Tutti i cani vanno verso gli alberi. Gino e Ula iniziano a scavare vicino agli alberi. Mentre Tom e Poldo annusano il terreno, Gino e Ula hanno già scavato due buche senza aver trovato nulla. Gino è già un po' frustrato, ma inizia ugualmente a scavare un'altra buca. Ula si ferma a osservare Gino, che dice: «Perché non scavate? Quando troverò le radici, me le mangerò tutte io». E riprende a scavare. Poldo e Tom continuano ad annusare; lo fanno con metodo, allargando sempre di più i giri intorno all'albero. Sembra che non trovino nulla. Barry li sta osservando, comodamente disteso a terra. Dopo alcuni minuti, interviene dicendo con voce allegra: «È inutile che tu, Gino, continui a scavare, lì non ci sono radici».

«Ma perché ci hai detto di scavare vicino all'albero, se sapevi che non vi erano le radici?», domanda Gino con rabbia.

«Ho voluto mettere alla prova la vostra credulità. Non ho fatto che dire una cosa generica sull'esistenza delle radici, la tua fame ha fatto il resto. Tu, Gino, che cosa hai imparato?»

«A non fidarmi di ciò che dici.»

«E tu, Poldo?»

«Ti ho ascoltato, ma prima di seguire l'istinto della fame ho voluto verificare l'esattezza di ciò che avevi detto. Tu mi hai dato un'informazione e io ho controllato se era corretta. Non lo era. Non ho provato rabbia nei tuoi confronti, mi sarei invece arrabbiato con me stesso se avessi seguito le tue indicazioni senza verificare. Quando ci hai cambiato il programma e ci hai detto che Ula ed io non saremmo andati in montagna, ho provato rabbia. Ma mi è stato utile, ho capito che provare rabbia non mi serve.»

«Anche tu non ti sei arrabbiato, Tom, vero?»

«Sì. È strano, mi arrabbio sempre, ma questa volta ho ragionato come Poldo. E poi ci hai spiegato da poco che, quando c'è un problema, è bene valutare soluzioni alternative. Così ho ritenuto più corretto esplorare attentamente il terreno che mettermi subito a scavare sotto l'albero.»

«Tu, Ula, perché ti sei fermata?»

«Mi è venuto in mente che prima di passare all'azione è necessario fissare la giusta direzione. La troppa fretta stava guidando il mio comportamento.»

«Mi fa piacere vedere come state imparando rapidamente. Io vi ho creato un'aspettativa, ma voi l'avete valutata con distacco emotivo. Avete ragionato e verificato. Spesso la specie umana, per inseguire la falsa illusione del proprio potere sulla natura, ha finito per inventare la guerra, il dominio dell'uomo sull'uomo, quando non lo sterminio di intere popolazioni, umane e non umane. Ma noi siamo solo cani! E ci basta imparare a essere più realisti, più rispettosi della natura. Ora vi guido nel bosco a trovare le bacche più buone che si possano mangiare. Seguitemi!»

Non sono trascorsi che pochi minuti, e già i cani si stanno gustando bacche succulente, e se ne saziano. Poi si dirigono al lago, la cui acqua pura soddisfa la loro sete.

Ormai il sole è tramontato e i cani sono seduti in cerchio in riva al lago. Barry inizia a parlare: «Le esperienze che avete fatto vi stanno lentamente cambiando. Siete diventati consapevoli che è possibile modificare il proprio comportamento, ma la consapevolezza viene dall'esperienza. Non certo da una teoria. Avrei potuto parlare per ore per spiegarvi come sia importante accettare il punto di vista altrui, creare equilibrio tra i vostri e gli altrui bisogni, non giudicare, sapersi scusare. Vi avrei convinto che questo è un buon comportamento. Ma convincersi non è ancora modificarsi. Per modificarsi, bisogna passare all'azione. Spesso la conoscenza non maturata con l'esperienza diventa un ostacolo per leggere la realtà. **Se vogliamo aiutare qualcuno,** non perdiamoci in lunghe spiegazioni ma affianchiamoci a lui e, passo dopo passo, aiutiamolo a raggiungere i suoi obiettivi.

Molti anni fa ho incontrato un piccolo cane, un meticcio di nome Boby. Sta rientrando a casa quando tre cani gli si parano davanti minacciosi. Non può fuggire, inizia a retrocedere e guaisce. Io, che ero nelle vicinanze, lo sento e accorro. I tre cani mi vedono arrivare, si girano e si apprestano allo scontro. Io ringhio con una tale forza che i tre cani indietreggiano. Io avanzo e loro si danno alla fuga. Boby mi ringrazia per il mio intervento: "Se tu non fossi arrivato, sarei stato aggredito; lascia che ti offra del cibo. La mia casa è vicina". Dopo pochi minuti arriviamo a casa sua e mi offre una buona zuppa. Gli domando: "Capita spesso che vi siano in zona cani randagi e aggressivi?" "Sì, ne ero a conoscenza, di solito si divertono a spaventare altri cani. Sono un cane che corre molto veloce e so darmela a gambe al momento opportuno; invece, mi sono trovato bloccato in un vicolo. Ora che ne ho avuto un'esperienza diretta, saprò come comportarmi per il futuro. Non che non voglia più uscire di casa, ma dovrò evitare alcuni luoghi, forse un po' troppo pericolosi. Certamente non è prudente andarci senza uno come te al fianco."

Quell'esperienza lo aveva traumatizzato. Gli chiesi se avesse paura di uscire di casa. Boby mi disse: "Se ne ho? Ne ho tantissima, ma spero mi passi con il tempo". Avrei potuto spiegargli che se le paure non si affrontano è difficile superarle, e che avrebbe dovuto trovare in sé la motivazione per affrontare la situazione. Ma dissi soltanto: "Ora usciamo insieme, proviamo a ripassare nel vicolo dove sei stato aggredito" e lo convinsi a seguirmi. Arrivammo sul posto. Boby stava tremando dalla paura. Lo calmai. Rimanemmo lì per alcuni minuti, e solo quando lo vidi più tranquillo riprendemmo a camminare. Andai a trovarlo anche nei giorni successivi. Passeggiavamo insieme. Dopo alcune volte Boby fu in grado di andare a spasso da solo. Non aveva più paura, era soltanto più attento. Boby ha fatto con me un'esperienza diretta. Sapere di dover affrontare subito la situazione ansiogena non gli sarebbe stato di aiuto, anzi, verificare di non essere in grado di affrontarla lo avrebbe gettato nello sconforto. La conoscenza da sola non basta. Ma ora è tardi. È ora di riposarci; domani all'alba vi farò una sorpresa».

«Cercherai di confonderci con una nuova aspettativa?», domanda Ula con tono divertito.

Lia, la cerva gentile
La ricerca del potere

È l'alba. Barry si sveglia per primo e si dirige verso il lago per bere. Gli altri cani lo sentono. «Andiamo a mangiare un po' di bacche», dice Barry e li invita a seguirlo. Arrivati nel bosco, vedono in lontananza una cerva che sta brucando. «Ciao, Lia, posso avvicinarmi a te? Sono Barry e ci conosciamo.» «Sì. Ti riconosco, sei mio amico, vieni pure, ti aspetto, sto mangiando.» Barry raggiunge l'amica e le chiede notizie del suo cucciolo di pochi mesi.

«Ora è in grado di camminare da solo e corre tutto il giorno; devo stare sempre attenta perché è nell'età in cui non avverte ancora i pericoli.»

«Ma ora dov'è il tuo cucciolo?», domanda curioso Barry.

«Sta brucando dietro quell'albero, non lo puoi vedere. Ora lo chiamo» e dopo pochi minuti arriva saltellando il cucciolo, che riconosce Barry come amico. «Vedo che hai dei cani con te; se sono con te vuol dire che sono bravi e che posso fidarmi. Se vuoi chiamali pure, voglio che il mio cucciolo si abitui agli altri animali. Che impari così a valutare quelli che deve temere e quelli che può accettare.»

Barry chiama i suoi amici, che lo raggiungono velocemente. Il cerbiatto è un po' intimorito dalla mole di Gino e si allontana. La madre lo rassicura, e lei stessa si avvicina a Gino invitando il cucciolo a fare lo stesso. Quando Gino vede il cerbiatto, lo annusa e poi per dimostrare affetto lo lecca sul collo. Il cucciolo pare gradire le effusioni del grosso cane e gli si struscia addosso. Gli altri cani sono seduti e sorridendo osservano Gino che è premuroso con il piccolo.

«Hai un cucciolo molto ubbidiente», afferma Ula.

«Sì, ho sempre avuto dei cuccioli ubbidienti», rispose.

«È vero, ti conosco da tempo, hai sempre avuto dei cuccioli allegri, simpatici e ubbidienti. Come ci sei riuscita, ti è stato difficile?», domanda Barry.

«No, non ho trovato difficoltà. Io sono una cerva allegra, è difficile che mi arrabbi. Il mio compito è guidare i miei cuccioli e portarli all'autonomia; devono potersela cavare senza dipendere da me. Li guido con l'esempio e, quando fanno bene, sono subito pronta a lodarli. Ma mi è facile, mi sarebbe difficile impormi a loro. Non voglio certo che mi ubbidiscano per paura, ma perché gli fa piacere farlo. La vita è già così difficile!»

«Quindi potremmo dire che per te vale la regola di: **non**

fare che un rapporto sia mantenuto dalla paura ma soltanto dal piacere. È così?», afferma Ula.

«Sì. Penso che, quando la paura è alla base di un rapporto, si crei solo dipendenza reciproca e non autonomia», dichiara Lia.

«Ma spesso una madre per paura che succeda qualche cosa ai suoi cuccioli diventa troppo protettiva e si impone in ogni modo; sei d'accordo, Lia?», chiede Ula.

«Questo è vero. Ma se è la sua paura a controllare il comportamento, una madre rischia di sviluppare nel cucciolo insicurezza e dipendenza. Non lo aiuta certo a rendersi più autonomo e sicuro».

«Capisco perché sono così insicuro», dice Gino. «Mia madre, pur volendomi molto bene, era sempre eccessivamente protettiva con me.»

«Forse anche la madre di tua madre era protettiva. Spesso si crea una spirale da cui non è facile uscire. Mia madre era come me e io mi comporto con i miei cuccioli come lei mi ha insegnato, con l'esempio. Lei non ha mai usato con me la parola "paura". Ma mi ha insegnato ad affrontare tutte le situazioni, anche quelle pericolose», risponde Lia.

Gino è molto interessato all'argomento. L'insicurezza e la paura hanno spesso regolato la sua vita e dice: «Posso capire la madre che involontariamente crea paura nei suoi cuccioli, ma quando sono gli altri a farti vivere nella paura per poterti controllare è davvero imperdonabile».

«È vero. Qualche anno fa un cervo, un capo branco, si imponeva su di noi. Avevamo paura di prendere qualsiasi decisione che non venisse approvata da lui. Avevamo tutti paura di sbagliare e non ci sentivamo mai sicuri di niente. Fortunatamente, avevo un carattere sicuro e riuscivo a non farmi influenzare da lui. Ma non era così per tutti gli altri cervi e cerve. Avevo capito che il suo potere si reggeva sulla paura, ma che quella più grande era la sua, di perdere il potere. Quando chi ha il comando fa di tutto per conservarlo, non considera più i bisogni degli altri ma soltanto i propri. Comportarsi così funziona, ma solo per un po' di tempo, prima che gli altri se ne vadano. È successo proprio con il nostro capo branco. Lo abbiamo lasciato. È riuscito a controllare ancora qualcuno di noi, forse i più deboli e i più insicuri, ma la maggioranza se n'è andata.

Io me ne andai abbastanza presto. Ma quel poco tempo con lui mi era bastato per capire che cosa può succedere a chi subisce l'influenza del potere. In un primo momento, il capo appare deciso e sicuro, gli si attribuisce molta importanza, ci si sente insicuri e si inizia ad avere paura della sua disapprovazione. Che può essere palese, quando usa frasi svalutanti, o può essere celata, quando ti ignora e non ti presta la minima attenzione. In un secondo momento, quando avrai imparato a dimostrare di essere sottomesso e ubbidiente, allora otterrai la sua approvazione. Raccontarvi tutto questo mi fa sorridere, perché può essere buffo vedere chi si prende così sul serio, come il mio ex capo.»

Barry, che ha prestato molta attenzione a Lia, interviene:
«Ciò che hai detto mi ricorda un episodio della mia vita. Un giorno, accompagnato dal mio monaco, andai a vedere delle prove di ubbidienza di cani. I primi due che vidi, prima di fare gli esercizi erano allegri e giocavano con il loro padrone. Eseguirono gli esercizi con piacere. I loro padroni erano sempre pronti ad accarezzarli e lodarli. Un terzo cane entrò in campo con le orecchie basse. Osservò con timore il suo padrone; si capiva che aveva paura di sbagliare e di ricevere un rimprovero. Fece gli esercizi come gli altri, ma nel compierli era teso e preoccupato. Non andò molto bene. Allora ho capito che i primi due cani svolgevano gli esercizi per ottenere la lode e il terzo per evitare la punizione. Da quel momento mi sono det-

to: è facile sottolineare gli errori. **Ma più si critica l'altro o si è punitivi, più l'altro si convincerà della sua inadeguatezza. Non lo voglio fare. Non sarò più parsimonioso nelle lodi e negli apprezzamenti, perché aiutano l'altro a migliorarsi».**

Barry, sempre rivolto a Lia, dice: «Ti ringrazio della nostra conversazione, mi è stata utile. Ora noi andiamo a mangiare un po' di bacche. Lia, sai dirci se c'è qui attorno dell'altro cibo commestibile per noi cani?».

«Sì, se entrate ancora nel bosco, troverete dei tuberi. Forse è meglio che vi accompagni, è qui vicino.» Così dicendo, parte verso il bosco, seguita subito dal suo cucciolo e da tutti i cani.

Dopo pochi minuti arrivano sul posto. Subito i cani si mettono a mangiare i tuberi e li trovano succulenti e gustosi.

«Ora vi saluto; venite a trovarmi quando volete, sono sempre nel bosco, se arrivate vi sentirò, ora conosco il vostro odore. È l'odore di amici.» Così dicendo, si allontana seguita dal cucciolo. Tutti i cani la salutano; sanno di aver trovato un'amica.

«Ora che avete mangiato, andiamo al lago a bere e poi vi sarà per voi un'altra sorpresa.» Barry si avvia in direzione del lago e tutti lo seguono. Arrivati sulla sponda, bevono rapidamente, perché i tuberi hanno messo loro molta sete.

Il masso
Imparare a condividere

«Seguitemi fino all'altra sponda del lago. È una camminata un po' lunga, ma vi aspetta una sorpresa», dice Barry.

«Non possiamo stare qui tranquilli a riposarci? Ci siamo svegliati molto presto questa mattina», afferma Gino.

Tom interviene subito duramente: «Sei sempre il solito cane che non vuole muoversi, sei proprio pigro. Io, che sono molto più piccolo di te, ho più energie. A che cosa serve essere grosso, se non riesci a muoverti e diventi un peso per gli altri? Io ho già iniziato a modificarmi, sono molto più tollerante. Ma tu sei sempre uguale. Non ti servono le esperienze che facciamo!»

«Sei tu che non impari proprio niente», ribatte Ula adirata e, digrignando i denti, continua: «se non smetti di spiegare sempre agli altri come devono comportarsi, prima o poi ti mordo!» E si avvicina minacciosa a Tom. Gino tace; non è avvilito ma sorpreso, prima dal comportamento di Tom e poi dalla reazione di Ula.

«Smettetela!», è la voce di Barry, che continua: «Ora andate tutti e due in direzione di quell'albero e iniziate a girarvi intorno, correndo velocemente. Andate!»

Ula si dirige verso l'albero con aria mesta. Tom rimane fermo e dice con rabbia: «Non ha senso che vada a correre intorno all'albero, mi sembra stupido». Barry lo guarda fisso negli occhi e, con la voce ferma di chi non accetta repliche, dice:

«Vai!» Tom, di fronte alla decisione di Barry, non osa ribattere e si avvia lentamente verso l'albero.

Ula e Tom danno inizio alla corsa. Tutti i cani li osservano, mentre loro continuano a girare. Anche Barry li osserva, con espressione impassibile, e solo quando vede che sono stanchi dà loro l'ordine di fermarsi e di ritornare da lui. Tornano con l'aria avvilita e, quando gli sono di fronte, Barry dice: «Avete capito perché vi ho chiesto di girare intorno all'albero?»

«Forse perché sono stata impulsiva, non ho sopportato il comportamento di Tom. Ma perché lui deve sempre voler dimostrare di essere migliore di qualcun altro? Gino ha il diritto di dire ciò che vuole!», afferma Ula.

«Hai ragione ad affermare che Gino può dire quello che vuole, ma tu non devi giustificare il tuo comportamento attribuendo la colpa a Tom. Ricordati: **non aiuta a modificarsi incolpare l'altro della propria aggressività.** Ma hai ragione, sei stata troppo impulsiva. La prossima volta, e ti succederà di sicuro, ricordati dell'albero e di tutti i giri che hai fatto.»

«Ma io non voglio che ci sia una prossima volta!»

«Il comportamento non si cambia in pochi giorni. Io ti aiuterò, e vedrai che, passo dopo passo, riuscirai a farcela. Immagina di essere su una sponda di un fiume: è la sponda dell'impulsività; l'altra sponda è quella dell'autocontrollo. Stai costruendo tra le due rive un ponte che deve essere molto solido, per poter resistere alle piene del fiume della tua impulsività. Sei all'inizio della costruzione, non puoi pensare di averlo già terminato. Che cosa mi dici, Tom?»

«Ho sbagliato con Gino, non dovevo dirgli nulla. Ma che cosa c'entra il girare intorno all'albero? Era sufficiente che mi dicessi che avevo sbagliato.»

«Non è sufficiente dirti che sbagli. Farti fare qualche cosa invece sì. Ti rimarrà impresso nella memoria, associato al tuo comportamento aggressivo. Dovrei farti fare altri giri per la risposta che mi hai dato, ma dobbiamo andare dall'altra parte del lago.» E, così dicendo, si avvia.

I cani trotterellano per circa un'ora lungo la sponda del lago fino ad arrivare dall'altra parte. Al centro di una radura, come un grande dente spuntato dal terreno, si trova una grande pietra. «Fermiamoci qui, siamo arrivati. Andiamo a bere!», dice Barry, e tutti i cani si avviano a dissetarsi. «Ora che avete bevuto, sedetevi intorno alla pietra. Osservatela attentamente e poi ditemi che cosa provate nel guardarla.» I cani rimangono immobili a fissare la pietra.

Tom è rigido, contratto. Ula è pensierosa, come se fosse preoccupata. Gino è malinconico e Poldo è assorto e il suo muso è sereno. Barry li lascia e si allontana trotterellando. Torna dopo un po' di tempo con molti ramoscelli colmi di gustose bacche. Li pone a terra e dice: «Vi ho visto tutti assorti e concentrati. Per ora non vi chiedo che emozioni avete provato o che pensieri avete avuto, me lo direte dopo. Tom, prendi tre ramoscelli con le bacche e decidi che cosa vuoi farne». Tom si alza, prende i ramoscelli e si allontana. Poco dopo torna; li ha nascosti.

«Ora prendili tu, Ula.» Ula li prende e inizia a mangiare le bacche. «Tocca a te, Gino.» Gino li prende, è titubante, non sa che cosa fare, poi inizia a mangiare le bacche. Poldo lascia i ramoscelli sul posto e dice: «Perché non mettiamo tutti i ramoscelli insieme e poi anche con Barry iniziamo a gustarceli? Un piacere condiviso con gli amici ha più potere, anche il cibo ha più gusto». Ula e Gino smettono di mangiare e con aria avvilita, come se fossero colpevoli, portano i propri ramoscelli vicino a quelli di Poldo. Tom non sa che cosa fare; guarda gli altri cani poi, quasi con rabbia, si alza, va al suo nascondiglio a prendere i suoi ramoscelli e li porta agli amici. Non appare molto convinto di ciò che sta facendo. Barry, sorridendo, dice: «Raccontatemi le vostre emozioni o i pensieri che avete avuto osservando il masso. Inizia tu, Tom».

«Mi dava una sensazione di freddo, di gelo; è un masso piantato da solo nella terra, mi dava un senso di isolamento.»

«Questo è ciò che hai avvertito tu; e tu, Ula?»

«Sono rimasta a osservarlo e mi ha dato la sensazione che nulla potesse smuoverlo, che il tempo non potesse assolutamente intaccarlo. Ho pensato all'immobilità, all'impossibilità di cambiare. Non mi sentivo a mio agio.»

Gino interviene: «Vedevo il masso lì, piantato in terra, da solo. Avvertivo tristezza e dolore».

«Che cosa hai provato, Poldo?», domanda Barry.

«Ho avvertito la forza del masso: non era isolato, aveva intorno gli alberi, il lago e le montagne. Il masso era parte del tutto, mi sembrava che ascoltasse gli alberi e sentisse che cosa gli diceva il lago. C'era armonia. Mi sentivo bene e forse anch'io ero un po' parte del tutto. Mi sentivo un piccolo cane, ma dentro di me qualche cosa mi faceva sentire grande, come se già il solo fatto di essere qui fosse un grande regalo che mi era stato fatto. Un regalo da condividere. Quando ho ricevuto da te i ramoscelli, ho sentito che il tuo regalo non poteva appartenere solo a me. Se così fosse stato, mi sarei sentito tagliato completamente fuori da tutti voi!»

Barry sorride a Poldo e agli altri cani e dice: «Non posso aggiungere nulla a ciò che ha detto Poldo; lui ha avvertito la forza del condividere emozioni e sensazioni con gli altri, a lui cari. Anche voi tre potrete sentire questa voce interna, che si chiama "Amicizia". Possiamo ricordarci che: **condividere ci aiuta a crearci un mondo di amici e ci dà serenità.** Ora gustiamo tutti insieme le bacche, che so essere molto buone». Dopo mangiato, Tom si rivolge agli altri: «Forse ho visto nel masso me stesso. Sono un po' rigido. Ma, ripensando al mio comportamento, penso che sia naturale che un cane vada a nascondere il cibo. È un'abitudine che abbiamo noi cani».

Barry dice: «Capisco il tuo punto di vista. Ma ti ricordo l'importanza di dare senza aspettarsi nulla in cambio. Ora andiamo a parlare con un amico pesce. Un pesce simpatico».

«Scusa, Barry», interviene Ula, «ma, se non fosse simpatico, non andresti a trovarlo?».

«Perché dovrei? Preferisco avere amici allegri e simpatici. Da tanto tempo mi sono dato la regola di evitare chi si lamenta o è negativo. Non serve né a me né a lui, che si arrende al non cambiamento.»

«Ma così facendo non pensi di essere un po' egoista, di pensare soltanto al tuo benessere?»

«Non è egoismo pensare al proprio benessere, egoismo è pensare che gli altri si comportino come noi vogliamo per soddisfare un nostro bisogno. Se io ti dicessi che devi sottometterti a me, sarei egoista. Se poi ti colpevolizzassi per farti cambiare e portarti a ubbidirmi, sarei manipolativo nei tuoi confronti, e quindi egoista. Vi sono molti modi per essere egoista e non sembrarlo. Abbiamo tempo, sedetevi e vi racconto una storia.»

I cani si siedono davanti a Barry, che inizia a raccontare:

«Molti anni fa, c'era un gruppo di cani che viveva in queste valli; per un certo periodo mi sono legato al loro gruppo. C'era un capo, un grosso cane di nome Ugo. Io iniziai a stare con loro e non ho avuto problemi a farmi accettare. Ma, dopo pochi giorni, mi accorsi che vi era molta tensione tra i cani.

Ugo era sempre pronto a criticare ogni comportamento degli altri. Usava spesso frasi del tipo: "Non sei capace di fare…", "Sei insicuro e non sei in grado di prendere decisioni", "Devi ancora imparare molte cose", "Non ti applichi a sufficienza". Mi accorgevo che più usava queste frasi, più i cani dipendevano da lui. Non erano più in grado di ragionare per conto proprio. Dipendevano dal giudizio del capo. Se alcuni cani non si dimostravano d'accordo con lui, venivano immediatamente ignorati da Ugo. Non li considerava. Aveva sviluppato in loro la dipendenza dalla sua approvazione. Prestava la sua attenzione solo a quelli che dimostravano di essergli ubbidienti. Nessuno osava criticarlo apertamente.

Si era formato però un gruppo di cani che non approvavano il suo comportamento e tra loro lo criticavano. Questo gruppo aveva cercato di coinvolgermi, ma io, pur non approvando

Ugo, non volevo entrare nelle loro dispute. Perché erano sterili, erano soltanto continue lamentele che non proponevano nulla di concreto. Da una parte, vi erano i cani sottomessi e dipendenti da Ugo, dall'altra il gruppo dei dissidenti. Era una situazione che mi metteva a disagio, ma ero curioso di vedere come sarebbe andato avanti il gruppo. Io, da sempre, ero un cane autonomo, avevo imparato a non dipendere né dai cani né dagli umani. Più il tempo passava, più i rapporti si facevano tesi. Ma anche i cani dissidenti tacevano di fronte a Ugo e non dichiaravano mai la loro opinione. Era evidente che Ugo non prestava attenzione ai bisogni degli altri. L'unico bisogno che voleva soddisfare era quello di esercitare il controllo sugli altri attraverso la dipendenza.

Ugo era certamente un cane "egoista". Non avrebbe mai permesso a nessun cane di diventare sicuro e autonomo, perché era consapevole che avrebbe perso potere. Senza mai insegnare nulla di utile agli altri, poteva sviluppare in loro insicurezza e indecisione. Poi alcuni cani, forse i più sicuri, decisero di lasciare il gruppo. Ugo non disse nulla, anzi ignorò completamente il loro comportamento. Era convinto che senza di lui non sarebbero riusciti a fare nulla. Ma molti altri, ormai sottomessi, non l'avrebbero mai lasciato. Stavano con Ugo per paura di non essere in grado di gestirsi da soli. Li univa a Ugo la paura e non il piacere.

Anch'io me ne andai via. Avevo imparato un principio che desidero facciate vostro. E perché possiate comprenderlo facciamo un esercizio. Venite con me». E li guida lungo il lago. Poco tempo dopo arrivano in un punto a strapiombo sul lago.

«Ora vado a prendere un bastone; aspettatemi.» Barry si avvia, mentre gli altri lo aspettano. Ritorna poco dopo con un lungo bastone e lo consegna a Gino. «Afferralo tra le tue forti mascelle a un'estremità e tu, Ula, all'altra. Ora avvicinatevi allo strapiombo.» Gino e Ula eseguono. «Ula, devi scendere lungo il precipizio, stringendo bene il bastone tra i denti, mentre Gino lo tiene all'altra estremità.» Tom interviene: «Questo è un esercizio molto pericoloso. Non andare, Ula!» Ula si avvicina allo strapiombo, mentre Gino si mette con le zampe un po' aperte ed è pronto a reggere il peso di Ula. Lei guarda in basso e si arresta, lascia il bastone e dice: «Ha ragione Tom, è troppo pericoloso, e poi mi sembra un esercizio stupido. Non vado avanti!» Anche Gino lascia il bastone e afferma: «Anch'io non lo voglio fare. Non è detto che riesca a sopportare il peso di Ula per molto tempo. Anche se sono forte, posso cedere e lasciarla cadere».

«Che cosa avete imparato da questo esercizio che non avete voluto fare?», domanda Barry.

«Che saremmo stati dei cani stupidi a farlo», risponde Ula.

«Che non è bene dipendere totalmente da un altro», afferma convinto Poldo.

«Molto bene, avete appreso il principio che stando con Ugo avevo fatto mio: **se dipendi completamente da un altro, metti la tua vita nelle sue mani, e il tuo futuro dipenderà interamente da lui.**

Io non ho mai voluto né dipendere né creare dipendenza. Perché anche creando dipendenza ci si abitua a che tutti i bisogni siano soddisfatti dagli altri. Si diventa a propria volta dipendenti. Quindi consolidai sempre più un'altra mia convinzione: **più rendi autonomi gli altri, più avrai amici che hanno piacere di stare con te**.

Ma dall'esercizio Gino ha imparato qualcosa su di sé, vero?»

«Si! Che non voglio che un altro dipenda totalmente da me. Perché posso non riuscire a sostenerne il peso.»

«Bravo, Gino!», afferma con convinzione Barry, e continua: «Dobbiamo ricordarci tutti che **se permetti a un altro di appoggiarsi completamente a te, potresti stancarti di reggerlo e**

lui si farebbe male. Non pretendo che riusciate subito a fare vostri questi principi. Ma l'esercizio che avete fatto adesso vi tornerà sicuramente alla mente al momento opportuno e potrà guidare il vostro comportamento. Ora andiamo a trovare un mio vecchio amico.»

Il grande pesce
La paura di perdere non fa vivere

Barry si avvia verso il lago e inizia ad abbaiare. Dopo pochi minuti appare la testa di un grande pesce che si avvicina alla riva e saluta Barry: «Bentornato! È da molto tempo che non ti vedo; hai degli amici con te. Stanno imparando a diventare dei cani più cani e meno umani?»

«Sei sempre il solito, Filippo, tu vedi sempre negli umani il lato negativo», dice sorridendo Barry.

«Devo ammettere che gli umani certe volte mi fanno davvero molta paura, perché sono spesso imprevedibili.»

«Come mai fai questa affermazione?», domanda Barry.

«Tu conosci molto bene la storia del lago. E sai che siamo rimasti in pochi, noi pesci, mentre tempo fa il lago ne era pieno.

113

Ho visto morire molti miei amici. Ma forse i tuoi amici non conoscono la storia, vero?»

«Li ho portati qui proprio perché fossi tu a raccontarla, dal momento che tu l'hai vissuta.»

«Va bene, ve la racconto. Alcuni anni fa, molte persone venivano fin quassù, al sabato e alla domenica. Campeggiavano e passavano le giornate in riva al lago o facevano delle escursioni nei dintorni. Venivano qui perché, come vedete, è un posto incantevole. Ma, quando andavano via, lasciavano sul terreno i loro rifiuti, pezzi di carta, bottiglie e lattine. Buttavano spesso nel lago anche sacchi di plastica. Io mi stupivo a vedere come contaminassero il paesaggio che a loro piaceva. Mi sembravano un po' stupidi. Ma questo non fu il solo problema del lago. Perché, un po' più in alto, venne costruita una fabbrica. Dopo un po' di tempo i pesci iniziarono a morire. Pochi di noi sopravvissero. Capii che dipendeva dalla fabbrica. Ero certo che nel torrente che alimenta il lago si riversasse qualche sostanza che ci faceva male. Mi chiesi se gli umani fossero impazziti. Perché volevano far morire il lago? Perché volevano ucciderci tutti? Poi i pesci smisero di morire. Gli umani avevano smesso di avvelenare le acque del lago. Mi chiesi se non avrebbero potuto pensarci prima. Poi arrivarono altri umani, che misero nel lago piccoli pesci, perchè volevano far ritornare il lago come prima. E oggi sono di nuovo in buona compagnia.

Mi sono posto però spesso alcune domande sugli umani: perché distruggono le cose che piacciono loro? Perché non pensano prima di fare una cosa? Perché non rispettano la natura e quindi gli altri? Perché dopo avere distrutto spendono molto tempo a ricostruire? Non ho trovato risposta a queste domande. Mi sembra tutto senza senso. Ora, Barry, puoi capire perché ho un po' paura degli umani.»

«Capisco che non puoi trovare risposte alle tue domande, è difficile comprendere questo comportamento. Qualche giorno fa, sono andato con Poldo su un altipiano e gli ho mostrato come una frana avesse distrutto un paese. Gli umani avevano disboscato la montagna e lei li aveva puniti facendo franare il terreno sulle loro case. Non ti sembra, Poldo, una situazione simile?»

«Sì, è identica. Ho capito che il comportamento degli umani è aggressivo, non assertivo. Vedono soltanto i loro bisogni e non considerano i bisogni altrui. Vogliono subito che siano soddisfatti i loro desideri. Un po' come fanno tutti i cuccioli.»

Il grande pesce ascolta, ma sembra fatichi a capire quei discorsi, un po' complicati per lui, che ha visto solo il suo lago, e dice: «Ma che cosa c'entrano l'aggressività e quell'altra parola strana, l'assertività, una parola che non ho mai sentito, con il mio lago?»

Barry sorride a Filippo, si rivolge a Tom e dice: «Prova a spiegarglielo!»

Tom pensa per un momento a ciò che deve dire e inizia:

«Io penso di essere un cane un po' aggressivo. Ma, forse, se fossi totalmente aggressivo, non sarei qui con gli altri. Perché chi è aggressivo non cambia, è centrato soltanto su se stesso e ignora gli altri. Il suo modo di affrontare la vita è dettato esclusivamente dalla ricerca del controllo sugli altri, manipola e strumentalizza per piegare gli altri al suo volere e...»

«Scusa, se ti interrompo», dice Filippo, e continua: «non capisco molto bene quello che stai dicendo. Mi sembrano belle parole, e che tu stia parlando bene. Si capisce che sei un cane di molta esperienza. Ma ancora non riesco a comprendere che cosa c'entra quello che dici con il mio lago!»

Tom riprende a parlare: «Devi capire che il tuo lago ha rischiato di essere distrutto come conseguenza di un comportamento aggressivo degli umani. Come ti stavo dicendo, anche in questo caso si assiste a una strumentalizzazione che ha il preciso obiettivo di...».

Barry lo interrompe: «Forse non è molto facile far capire che cosa significa uno stile comportamentale, non è vero?»

«A me sembra di essere stato abbastanza chiaro. È Filippo che fatica a capire», insiste Tom.

Barry sorride a Tom e dice: «Ora, Tom, vai a prendere un bastone e portamelo».

Tom mostra i denti; non apprezza la richiesta, tuttavia va, torna con un bastone e lo posa di fronte a Barry, che dice:

«Ti avevo avvertito: sei stato aggressivo, e per questo ti assegno un compito pratico da eseguire. Ora vai e portami un altro ramo, e poi un altro ancora. Ti dirò io quando potrai smettere». Tom non osa ribellarsi, va a prendere un ramo e lo porta a Barry, e ripete l'operazione per otto volte. Barry, sempre sorridendo, dice: «Tu sai perché lo faccio!» e non aggiunge altro.

Poi, rivolto a Filippo, dice: «Ti ha disturbato il comportamento di Tom?»

«Un po'; mentre stavo ad ascoltare il piccolo cane, mi dicevo: "Fatico a capire ciò che mi dice, mi sento un po' stupido". In un primo momento ho pensato di non riuscirci perché non ho le sue conoscenze. E ciò mi faceva sentire inadeguato di fronte alla superiorità del suo sapere. Poi ho capito che la sua conoscenza è fatta solo di parole, come di chi impara una lezione e la ripete pensando di essere più intelligente Si sente dal tono della sua voce. Non c'è allegria, non c'è un'emozione.

Se è così, il piccolo cane mi ha provato che cosa vuol dire essere aggressivo. Essere aggressivo vuol dire essere presuntuoso. Come per quegli animali che, se messi alla prova, non riescono a dimostrare la verità di ciò che sanno a parole.

Nel sentir parlare il piccolo cane mi sono ricordato come alcuni anni fa un pesce spiegasse agli altri in che modo evitare di abboccare agli ami dei pescatori. Parlava molto bene e tutti lo ritenevamo intelligente. In sua presenza mi sentivo inferiore. Ma un giorno anche lui finì appeso all'amo, mentre io sono ancora qui. Allora ho capito che **non serve attribuirsi importanza, perché si può sempre essere pescato e finire in padella.**»

«Hai perfettamente ragione, Filippo. Tom sta cercando di trovare la sua via, ma ogni tanto va fuori strada!»

Poldo, che da molto tempo tace, interviene: «Ma vi è anche chi non finisce mai in padella, perché sta molto attento a mandare avanti gli altri. Rimane indietro, senza mai agire, così a sbagliare sono sempre e solo gli altri. E la sua presunta superiorità non viene mai messa in discussione. Mi ricordo molto bene come un cane che ho conosciuto si comportava con me e con gli altri cani. Sapeva tutto sul modo migliore di seguire le tracce, ma mandava sempre avanti gli altri cani. Noi spesso sbagliavamo, lui invece non poteva sbagliare, lui era quello che ci guidava all'azione. Non l'abbiamo mai visto agire, così non l'abbiamo mai visto sbagliare. Lui per noi rimaneva sempre un grande cane, anche se non seguiva le tracce; lui sapeva e noi, in confronto a lui, eravamo solo degli ignoranti».

«Hai ragione, cane da caccia», afferma Filippo. «Sentendoti parlare non capto nella tua voce né arroganza né presunzione. Non hai detto nulla di negativo nei confronti di quel cane. Hai soltanto descritto com'era, ma non lo hai definito un arrogante o un presuntuoso. Forse, allora, essere assertivi vuol dire non parlare male degli altri, non giudicarli?»

«Io non so ancora bene che cosa vuol dire essere assertivi. Ma penso che voglia dire **non fare agli altri ciò che non vuoi sia fatto a te stesso.** Non mi piace e mi disturba essere trattato male da un cane o da un umano, per quanto mi è possibile cerco di evitarlo.»

«Ho capito che sei un cane molto attento al tuo comportamento e a quello degli altri. Si sente dalla tua voce. Devi sapere che per sopravvivere nel lago ho dovuto imparare a stare molto attento e a capire tutti i suoni e le voci, per scoprire se vi fosse in essi anche solo la minima traccia di pericolo. In te non sento nulla di tutto questo. Sento soltanto un po' di sofferenza. Come se avessi da portare un peso su di te, è così?»

«Sì! Con Barry sto imparando a non subire più gli altri e a vincere la mia insicurezza. Ma non è semplice.»

«Ti capisco; forse tu in alcuni casi ti senti inferiore. Ma sento in te la determinazione di cambiare e di vedere la vita diversamente. Forse con più allegria. Tanto, preoccuparsi non ci aiuta a stare meglio. Quando il lago stava morendo, e con lui tutti i miei amici pesci, ho iniziato a disperarmi. Sentivo che la mia vita era arrivata alla fine. Poi un giorno, e non so spiegarti come sia successo, ho capito che non potevo cambiare la situazione ed era inutile che stessi male due volte. Una prima, per il lago che moriva, una seconda, perché io soffrivo. Volevo lasciarmi morire. Avevo anche smesso di mangiare; tanto, mi dicevo, non ha senso che mangi, è meglio che muoia. Capii che la vita deve essere vissuta e goduta in ogni suo momento. Capii che chiudermi in me stesso non era la soluzione. Dovevo imparare ad affrontare anche la morte, e a non averne paura. Mi sentii libero. La morte non arrivò, ma io avevo imparato a vivere avendola accettata.»

«Ma come è possibile non aver paura della morte?», domanda Gino, perplesso e incuriosito.

«Non posso darti una spiegazione, grosso cane. Non so trovare le parole per dirti come si deve fare. Perché, se provassi a spiegartelo, non riuscirei a fartelo capire. Posso soltanto dirti che forse mi fu di aiuto un pesce che sapeva di essere prossimo alla morte, ma continuava a vivere come se fosse stato eterno. Era sempre allegro e la sua presenza dava serenità. Gli chiesi come riusciva a essere sereno e lui mi disse che voleva godersi ogni momento e, soprattutto, ogni momento della nostra amicizia. Diceva che la morte non era una nemica per lui; aveva deciso di aspettarla sorridendo e, quando fosse arrivata, l'avrebbe riconosciuta e le sarebbe andato incontro. Un giorno non lo trovai più al solito posto. Da solo era andato a trovare la morte. Avevo faticato ad accettare il suo modo di vedere la vita e la morte come due amici. Ma ora penso che sia così. Tu, cane da caccia, stai vedendo e capendo le tue paure; non lasciare che diventino la tua vita. Sono sicuro che ci riuscirai facilmente.»

«Ascoltandoti, ho capito che ho sempre molto da imparare da te!», afferma con convinzione Barry. «Tu sei un esempio di assertività. Hai capito i turbamenti di Poldo, il cane da caccia. Quando Tom parlava e non si faceva capire da te, non l'hai criticato ma hai detto che non capivi. Hai accettato le sue critiche senza adirarti, e tuttavia non hai rinunciato a dichiarare il tuo punto di vista. Hai incoraggiato Poldo a riuscire, e lo hai fatto con grande convinzione. Hai reso comprensibile a tutti noi che **la paura di perdere non fa vivere.**»

Ula interviene: «Ma mi sembra che sia molto difficile accettare la perdita. Fin da cuccioli siamo stati abituati ad avere paura di essere lasciati soli, di essere abbandonati dal padrone. Proviamo un trauma quando siamo costretti a lasciare i nostri fratelli o nostra madre. Abbiamo paura di non avere il cibo. Come possiamo accettare la perdita della vita?».

Barry interviene: «Come hai detto, Ula? Che fin da cuccioli abbiamo paura di perdere? Pensa allora a Filippo, che ha perso quasi tutti i suoi amici e stava per perdere anche il suo lago. Ora, invece, è un pesce sereno e in pace con se stesso. Non posso certamente dirti: "Non devi avere paura di perdere, perché soltanto così potrai guadagnare". Sai bene che, se ti dicessi questa frase, proveresti solo rabbia. Non ti sentiresti capita, perché non ti ho dato o non sono stato capace di darti gli strumenti per accettare la perdita. Noi tutti abbiamo paura di modificarci, perché anche l'essere aggressivi o passivi ci dà sicurezza. Non riusciamo a immaginare un altro percorso. Modificare una nostra abitudine ci crea disagio.

Vi ricordate quando Max mi insegnò ad ascoltare la montagna, a capire i suoi segnali? Vi dissi che riuscire a modificarci richiede tempo e un programma grazie al quale esercitarsi per modificare le proprie abitudini. Sulla strada di ritorno verso il canile vi aspetteranno altre prove. Ora salutiamo l'amico Filippo e andiamo a mangiare un po' di bacche, ma prima beviamo un po' di acqua. Ciao, Filippo, la tua presenza e le tue parole mi sono sempre di aiuto».

Anche gli altri cani salutano il grande pesce, che si mette a saltare sulla superficie dell'acqua. È il suo modo di dimostrare la contentezza e il piacere di averli visti. Tutti i cani si allontanano da lui, che ora è scomparso, tuffandosi in profondità nel lago. Il pesce ha regalato loro momenti di allegria e di serenità e i cani sanno di avere trovato un altro amico.

Le prove sulla strada del ritorno
I pensieri sono pensieri

Dopo avere camminato allegramente per circa un'ora, Barry invita gli amici a fermarsi e dice loro: «Ora vi invito a rimanere immobili e a cercare di ascoltare la foresta. Le vostre emozioni sono già state messe alla prova, dapprima di fronte all'albero, poi davanti alla grande pietra. State imparando ad ascoltarvi. A rompere l'abitudine di orientare la vostra percezione esclusivamente verso la realtà fuori di voi, gli oggetti o gli eventi. Ora, invece, state imparando a lasciar emergere la realtà dentro di voi, le vostre sensazioni e le vostre emozioni. Con il tempo, vi sarà sempre più facile confrontarvi con voi stessi. Verrete sempre più a contatto con la vostra rabbia o con i vostri pregiudizi; progressivamente vedrete la vita con più allegria. In seguito, imparerete pian piano a prendere le distanze da voi stessi, a vedervi dall'alto e a giocare con i vostri pensieri. Ma ciò vi sarà possibile solo quando imparerete a non prendervi troppo sul serio. Ora ascoltate attentamente la foresta».

Tutti i cani rimangono immobili. Stanno imparando che anche il silenzio parla. Ora dal loro muso traspaiono calma e serenità. Passa il tempo, ma i cani non lo percepiscono. Si stanno lentamente fondendo con la foresta.

Barry, che li osserva, dice: «Uscite dal vostro stato di meditazione; Poldo, racconta e condividi con noi la tua esperienza».

«È strano come quasi subito mi sia sentito a mio agio, in pace con me stesso. Ho sentito il leggero vento che faceva muovere le foglie. Mi sembrava quasi di volare e di poter vedere le nuvole nel cielo. Non ho avvertito nessuna emozione negativa. È stato molto simile all'esperienza di fronte al masso, ma ora ho percepito un senso di maggior leggerezza. È strano tutto questo, ho sempre sentito la vita come un peso e una fatica. Che cosa può essere, Barry?»

«Caro Poldo, non posso essere in te, provare le tue emozioni. Forse stai iniziando ad allontanare da te i pensieri negativi, che non ti permettevano di sentirti tanto leggero. Tu, Gino, che cosa mi dici?».

«Il masso aveva suscitato in me un senso di isolamento. Qui invece ho avvertito un senso di armonia; è strano, ho avuto la percezione della danza. Mi sembrava di assistere a uno spettacolo con colori e suoni.»

«Ula, ho visto sul tuo muso il sorriso; che cosa hai percepito?», domanda Barry.

«Non ho avvertito, come mi era successo per il masso, l'impossibilità di cambiare. È stato il contrario. Sentivo che tutto intorno a me era vivo e cambiava di continuo. Gli alberi si piegavano al vento. Le foglie cadevano a terra. Il sole si abbassava sull'orizzonte. Ho avuto la percezione che tutto si modifica, mai nulla è come prima.»

«E tu, Tom, che cosa hai provato?», domanda Barry.

«Il masso mi aveva lasciato addosso una sensazione di gelo, di isolamento. Qui ho percepito calore e unione con il tutto. Ma ho capito che queste sensazioni non derivano dalle circo-

stanze. Che la solitudine può essere sperimentata anche stando in mezzo agli altri. Forse è l'aggressivo a essere solo!» Barry appare molto soddisfatto e dice: «Avete iniziato a modificarvi e ne siete consapevoli. Ora sapete che **è possibile vedere in modo distaccato i propri pensieri negativi. Non permettete che loro diventino la vostra realtà.**
Sono solo pensieri!
Avete provato emozioni positive e avete allontanato da voi quelle negative, fonti di sofferenza e isolamento. Avviciniamoci al mio canile, si sta facendo sera, dormirete da me».

Il canile è in vista quando Barry dice loro di fermarsi. Un'altra prova li aspetta. Nessuno, nonostante la stanchezza, si lamenta per questa nuova sosta, e Barry dice: «È la prova dell'aggressività. Uno alla volta, al mio via, dovrete lanciarvi verso quell'albero, azzannare un ramo e scuoterlo con rabbia e con forza. Dovrete liberare la vostra aggressività».

Gino appare perplesso e dice: «Ma, Barry, stiamo cercando di non essere aggressivi, perché adesso invece ci istighi a esserlo con questo esercizio?».

«Bisogna conoscere l'aggressività per poterla controllare. Davanti a una minaccia che metta la nostra vita o quella degli altri in grave pericolo, può essere l'unico comportamento che ci permette di sopravvivere. L'importante è imparare a gestirla e usarla con estrema attenzione, e per riuscirci dobbiamo imparare a controllare questa disposizione istintiva, presente in tutti noi. Non esistono cani aggressivi per natura. Quello che sono dipende in gran parte da come sono stati educati. L'aggressività è soltanto uno stato primitivo del nostro comportamento.»

«Ula, preparati; l'albero è un tuo nemico, scagliati contro di lui velocemente e azzanna. Ma quando ti dirò: "Fermati!", tu dovrai lasciare la presa e ritornare qui. Vai, Ula!»

Ula si lancia verso l'albero, azzanna un ramo e inizia a scuoterlo con estrema violenza. Ringhia. Sembra che nulla possa arrestare la sua ferocia. «Fermati, Ula!», urla Barry.

Ula si arresta. Appare disorientata e lentamente torna da Barry. «Dopo che ognuno di voi avrà affrontato la prova, mi racconterete come vi siete sentiti. Preparati, Tom. Concentrati sull'albero, lo devi azzannare con tutta la tua forza. Ora vai, Tom!»

Tom è velocissimo, appena è di fronte all'albero con un balzo azzanna un ramo. Rimane sollevato dal suolo. Non lascia la presa. Gli altri cani si stupiscono nel vedere un piccolo cane così feroce.

«Fermati, Tom!» Tom continua a rimanere aggrappato al ramo. Sembra non sentire Barry, che allora urla di nuovo:

«Fermati!». Tom lascia la presa. Cade a terra, si guarda intorno e, ancora arrabbiato, ritorna da Barry.

«Tocca a te, Gino! Preparati e tira fuori tutta la tua aggressività. Vai ora!»

Gino corre verso l'albero, azzanna un ramo ma con delicatezza e lo scuote leggermente. Lascia la presa prima che Barry gli dica di fermarsi. Torna da Barry con l'aria avvilita, sembra depresso.

«Tocca a te, Poldo. Fissa l'albero, è un tuo nemico. Tu adesso vuoi distruggerlo completamente. Vai, Poldo!»

Poldo corre velocemente verso l'albero. Poi davanti all'albero si ferma. Non morde il ramo. Torna indietro da Barry. Ha il capo abbassato, lo sguardo assente.

«Ora, ditemi: come vi siete sentiti, che cosa avete provato? Ula, racconta.»

«Ho visto nell'albero una minaccia per il mio padrone. È stato un pensiero forte come se sentissi il mio padrone che chiedeva aiuto. Mi sono lanciata verso l'albero, che avvertivo come un pericolo. Ho azzannato e lottato. Poi la tua voce mi ha fermato. Sono soddisfatta di me, sono riuscita a controllarmi sentendo la tua voce.»

«E tu, Tom?», domanda Barry.

«Non ho pensato a nulla. Sentivo che la rabbia si impossessava di me. Non potevo controllare la mia aggressività, o forse non volevo farlo. Quando mi hai chiamato, la prima volta ho sentito la tua voce ma non volevo fermarmi. Ma la tua voce ha ridotto la mia aggressività. Alla seconda, la mia rabbia era già diminuita e sono riuscito a calmarmi. Mi sento svuotato, ma sto meglio, mi sento calmo.»

Barry, sorridendo gentilmente a Tom, dice: «Sì, vedo che stai meglio e che sei più calmo. Ma in futuro dovremo trovare un altro modo per calmarti. Non sempre è possibile disporre di un ramo da azzannare. E ancor meno di un umano. Raccontami di te, Gino».

«Ho cercato di concentrarmi e ho anche visto che il mio padrone era minacciato da un uomo armato. Il ramo era il braccio dell'uomo. Mi sono lanciato. Ho azzannato, ma la mia aggressività è scemata. La mia stessa reazione mi ha sorpreso. Ho lasciato la presa e subito mi sono detto: "Non sono in grado di difendere il mio padrone". È per questo motivo che mi sento triste e impotente.»

«Tu, Poldo, ti sei arrestato davanti all'albero; che cosa ti è successo?», domanda Barry.

«È stato strano. Prima di lanciarmi verso l'albero mi sentivo contratto e teso. Avevo voglia di sfogarmi, di mordere. Poi, arrivato davanti all'albero, ho avuto paura della mia aggressività. Perché ho sentito per la prima volta che avevo realmente voglia di aggredire, di mordere. Mi ha fermato la paura di essere quello che non voglio essere: aggressivo.»

Barry osserva attentamente i suoi amici e dice: «Avete dato quattro risposte diverse alla stessa situazione. La prova era semplice: dovevate mordere il ramo con violenza e fermarvi al mio richiamo. Tu, Ula, sei riuscita a mordere e a fermarti. Voialtri avete avuto alcune difficoltà, dall'aggressività incontrollata di Tom alla paura delle proprie reazioni di Poldo. Ora sapete che non sempre si riesce a gestire la propria rabbia. Ma ricordatevi che per gestire la rabbia è importante saperla affrontare, non evitarla. Imparare ad attivarsi quando è necessario ma riprendere rapidamente il controllo di sé.

Molte altre prove vi aspettano e al termine sarete liberi da voi stessi. Ora andiamo al mio canile, ci attende del buon cibo e poi un meritato riposo».

Rapidamente si dirigono verso il canile. Hanno molta fame; è stata una giornata intensa, ricca di emozioni. Ciotole colme di cibo li attendono davanti al canile, e Ula, Tom e Gino iniziano a mangiarlo con voracità; Poldo e Barry invece si fermano per alcuni secondi davanti alle loro ciotole. Poi Barry si mette a mangiare; Poldo annusa ancora il cibo e poi lentamente inizia a cibarsi. Dopo aver mangiato rapidamente, Ula domanda: «Per quale motivo voi due non vi siete gettati sul cibo come abbiamo fatto noi?».

Barry, che sta ancora mangiando, dice: «Voglio essere io a decidere quando mangiare il cibo, non voglio che sia lui a gestire il mio comportamento».

Tom interviene dicendo: «Ma il vostro non è un comportamento normale: avete fame e aspettate prima di mangiare. Mi sembra che sia assurdo pensare che possa essere il cibo a gestire il mio comportamento. Sono io che mangio, sono io che decido di mangiare».

«No. Non sei tu che decidi di mangiare, il cibo e la tua fame decidono per te. Come mai, Poldo, ti sei fermato davanti al cibo e lo hai annusato?», chiede Barry.

«È una mia abitudine, valuto sempre prima di passare all'azione. Non so se è male o bene, forse alcune volte sono troppo lento nel passare all'azione o posso anche bloccarmi come quando si è trattato di mordere il ramo.»

Barry, che ha finito di mangiare, guarda i suoi amici e dice: «Forse più che ascoltare delle parole, sarà utile affrontare una prova; aspettate un momento». E si allontana verso il canile. Torna dopo pochi minuti con quattro ossi e li pone davanti ai cani. «Ora ognuno di voi prenda un osso; sono buoni da rosicchiare. Sono grandi e gustosi. Prendeteli!»

I cani vanno a prenderli. «Ora posateli davanti a voi. Sentite la saliva nella vostra bocca, avvertite la voglia di cibarvene. Tutto questo è normale. Vi mettereste subito a rosicchiare il vostro osso. L'esercizio consiste in questo: guardare l'osso, avere voglia di rosicchiarlo, avvertire la saliva che aumenta nella vostra bocca. Sentire una voce interna che vi dice di mangiarlo, che è molto buono. Ma voi dovete lasciarlo lì per terra davanti a voi. L'osso vi sta dicendo: "Mangiami, sono qui per te. Se non mi mangi, mi mangerà un altro cane. Perché non dovresti farlo? Sono molto buono e saporito". E, in effetti, è normale che un cane mangi un osso. Perché non farlo? Provate a chiedervelo.»

«È proprio ciò che mi dico io!», afferma Gino e continua: «Non è normale per un cane non azzannarlo!».

«Questa è la prova, avere l'osso davanti e non mangiarlo. Provate a resistere al desiderio. Guardate il vostro osso; io mi riposo un po', vi dirò poi che cosa fare.» Si accuccia e si mette a dormire. Tom, Gino e Ula sono seduti e osservano il loro osso; stanno salivando, il desiderio di mangiarlo è intenso. Poldo, invece, si distende e si appisola.

Dopo un tempo che per Tom, Gino e Ula sembra infinito, mentre in realtà non è trascorsa che un'ora, Barry apre gli occhi e dice: «Avete ancora voglia di mangiare il vostro osso?». A queste parole, anche Poldo apre gli occhi.

«Mi sento teso e nervoso più di prima», afferma Gino.

«Io provo rabbia nel non poterlo mangiare», dichiara Tom.

«E tu, Ula?», domanda Barry. «È strano, più passa il tempo e meno ne sento il desiderio!»

Ora è Poldo a parlare: «Quando hai stabilito che non dovevo mangiarlo subito, mi sono detto: "Se non puoi mangiarlo, tanto vale che ti riposi. Più guardo l'osso più lo sento mio, devo staccarlo dalla mia mente", e ho deciso di riposarmi».

«Molto bene, siete stati bravi a controllarvi. Ora lasciate il vostro osso dov'è e andiamo a dormire dentro il canile. Domani verrete a prenderli. Andiamo!»

Tutti i cani entrano nel canile e si accucciano per dormire.

L'osso non c'è più
Il possesso e la perdita

È l'alba. Tom è il primo a svegliarsi, si precipita fuori per prendere il suo osso, ma rientra subito, è adirato e dice:

«Svegliatevi, non ci sono più gli ossi! Qualcuno ce li ha rubati, venite a vedere anche voi!» Ula e Gino si alzano rapidamente ed escono. Poldo e Barry li seguono. Gli ossi non ci sono più.

«Ecco, lo sapevo, avrei dovuto mangiare il mio osso ieri sera o portarlo con me, come fanno tutti i cani normali!», afferma risentito Tom.

«Sono d'accordo con Tom, non capisco perché abbiamo dovuto abbandonarli fuori dal canile», dichiara Gino.

Ula sta guardandosi intorno come per cercare gli ossi.

«E tu, Poldo, non dici nulla?», domanda Barry.

«Non c'è nulla da dire, constato che non ci sono gli ossi, ma non mi sembra un problema grave.»

«Tu ragioni in modo strano. Non avevi piacere di mangiare il tuo osso?», domanda Tom, con voce adirata.

«Sì. Avevo piacere di mangiarlo. Quando però Barry mi ha dato l'osso, ero già sazio, avevo mangiato e stavo bene. Ero soddisfatto. L'osso era un di più, non mi serviva di certo per sopravvivere. Perché dovrei stare male, arrabbiarmi e perdere la mia serenità? Mi sono svegliato allegro, non permetto che la perdita di un osso rovini la mia giornata.»

«Stai diventando sempre più saggio. Mi sembra un buon modo di ragionare, ma fatico ad accettarlo», afferma Ula.

Barry è seduto, guarda i suoi amici e dice: «Ieri sera vi ho messo davanti l'osso e avete provato a controllare il vostro impulso di mangiarlo. Siete stati bravi. L'osso era per voi un forte richiamo, vi diceva: "Mangiami, rosicchiami, sono qui per questo". Ma voi avete imparato che la forza sta nel sapersi controllare. L'osso era per voi un forte stimolo. Avete capito che **la libertà personale è anche saper controllare uno stimolo invece di subirlo.**

In presenza di uno stimolo forte, come può essere per noi il cibo, tutti, facilmente, hanno una reazione immediata, in questo caso mangiare. Anche di fronte a una critica è facile arrabbiarsi subito. Tuttavia, è utile imparare a non dare una risposta istantanea, quasi automatica. Dobbiamo imparare a scegliere il comportamento che siamo noi a volere e non a lasciare che lo stimolo decida per noi. Poi vi ho chiesto di immaginare l'osso fra le vostre fauci; in quel momento avete provato emozioni molto forti, lo sentivate vostro, vi apparteneva. In seguito, quando quella possibilità, per circostanze ancora da chiarire, vi è stata negata, alcuni di voi hanno provato rancore o rabbia. Forse, addirittura rancore verso di me, che non vi ho permesso di portarlo con voi, o rabbia verso chi pensate ve li abbia sottratti.

Ricordate che cosa ci ha insegnato il pesce Filippo? Che la paura di perdere non fa vivere. Se vi arrabbiate per la perdita di un osso, come starete per la perdita di un caro amico? Forse potrete accettare la perdita di un amico a causa di una malattia o di un incidente. Ma potrete sempre dirvi che per l'osso è diverso, perché vi apparteneva, era vostro. Vi dico che tutto ciò che possiamo perdere non è nostro. Se, al contrario, riteniamo che tutto ciò che possiamo perdere sia nostro per sempre, e che soltanto il possedere possa farci stare bene, vivremo costantemente con la paura della perdita. E quando perderemo ciò che abbiamo, e lo perderemo, staremo ulteriormente male. Allora vi chiedo: per quale motivo rovinarsi l'esistenza? Tu, Tom, hai dormito bene questa notte?»

«No. Sono stato sveglio per molto tempo, pensavo all'osso che era fuori. Non sono andato a prenderlo solo perché sapevo che tu mi avresti scoperto.»

«Anch'io ho dormito molto male, ero preoccupato per l'osso», dichiara Gino.

Ula interviene e dice: «In un primo momento ho pensato all'osso, poi mi sono detta che non mi era di nessuna utilità agitarmi, perché non potevo fare nulla, e mi sono addormentata. Quando ho visto che l'osso non c'era più, non mi sono arrabbiata, ho provato soltanto un po' di irritazione, ma è durata poco. Forse inizio a capire il significato di quello che ci ha detto Filippo. E tu, Poldo?»

«Ho pensato per un po' all'osso. Poi mi sono detto: se domani sarà ancora lì, mi farà piacere, se non lo troverò, penserò di non averlo neppure ricevuto. Ho dormito bene.»

Barry, rivolgendosi a Tom e Gino, dice: «Quindi voi due siete stati male due volte, la prima perché avevate paura di perdere il vostro osso, e la seconda perché lo avete perso. Come avreste dovuto pensare per non stare male?»

Tom interviene: «Dovrei ragionare come Poldo. Ma, così facendo, mi sembrerebbe di vivere senza emozioni, senza passioni. Una vita vuota e anche noiosa».

Barry, sorridendo a Tom, dice: «Tu sei stato male per la perdita dell'osso; vorrei capire che cosa c'entra la passione con il provare rabbia e sconforto».

«Perché se un cane desidera realmente possedere un oggetto, del cibo o un umano, è normale che li voglia avere, tenerli per sé e non perderli.»

«Volerli avere è comprensibile, ma pensare di poterli avere per sempre crea disagio. È come pensare di poter avere per sempre la giovinezza. Si ha paura non soltanto di qualcosa o di qualcuno, ma anche di perdere le nostre abitudini. Quando abbiamo incontrato Lia, la cerva, ci ha raccontato di quando stava con un branco. Il loro capo, un arrogante, teneva i cervi in uno stato di soggezione, e ciò nonostante alcuni di loro si erano abituati a stare con lui e avevano paura di lasciarlo. Come riuscivano a sopportare un capo aggressivo? Semplice, avevano paura del nuovo, di rompere con le loro abitudini. Le abitudini possono diventare una gabbia da cui è molto difficile uscire. La gabbia è stata creata da noi. Ci stiamo dentro e forse ci lamentiamo che è stretta e scomoda, ma che cosa facciamo per uscirne? Uscire dalla nostra gabbia può significare andare incontro a difficoltà e a imprevisti, ma così siamo noi a decidere che cosa fare della nostra vita. Lia è uscita dal branco, portando con sé i suoi cuccioli da allevare. La gabbia le stava stretta. Non vi ha raccontato delle difficoltà che ha incontrato, perché per lei non erano avversità ma semplici gradini da superare. Ogni gradino superato la portava più in alto, verso il sole e l'aria pura. Quindi **non fate che le vostre abitudini diventino la vostra gabbia.**

Ora andiamo a mangiare, ci aspetta una buona colazione.»

«Ma dove sono finiti i nostri ossi?», domanda Gino.

«Fuori dalla tua testa!», risponde allegramente Barry e si avvia deciso verso le ciotole, che trova colme di cibo, portato come sempre dai monaci.

Mentre stanno mangiando, Ula constata: «È comodo avere sempre del cibo a disposizione. Questa è una buona abitudine

che hanno i monaci, speriamo che non desiderino cambiarla!»
Tutti i cani si mettono a ridere, tranne Gino, che si fa improvvisamente serio e dice: «Cosa succederebbe, Barry, se i monaci non ti portassero più il cibo?»

Barry, sorridendo, risponde: «Vedrò di affrontare il problema quando si presenterà, per ora mangio!»

Terminato il pasto, Barry dice: «Ora vi narro una storia che mi raccontò Max. Molti anni fa, viveva sulle montagne un grande cinghiale, di cui tutti gli animali avevano paura. Appena vedeva un animale lo attaccava, poiché identificava in lui un nemico. Una volta Max lo incontra e il cinghiale gli si scaglia contro. Max inizia a fuggire precipitosamente e il cinghiale lo segue. Max supera un corso d'acqua e si gira per vedere se il cinghiale lo sta seguendo. Vede che si è fermato sull'altra sponda, non prova ad attraversare ma continua a osservare minacciosamente Max.

Max si rivolge al cinghiale: "Perché non mi segui? Mi hai inseguito per tutto questo tempo".

"Sei fuori dal mio territorio, non sei più una minaccia per me. Ma, se provi ad attraversare il fiume, io ti attacco. Tutto questo è mio!"

"Come fai a dire che questo territorio è tuo? È di tutti!" "No. È mio e mi appartiene. Io sono il più forte e non ho bisogno di nessuno."

"Così nessun animale può passare sul tuo territorio." "No. Tutti devono girare al largo dal mio territorio."

"Una volta sapevo che non era più grande di qualche centinaio di metri. Adesso mi sembra che sia diventato decisamente più grande!"

"Sì. Negli ultimi anni ho deciso di allargare il mio territorio. Io ho bisogno di spazio."

"Ma che cosa te ne fai di tutto questo spazio? Sei da solo!"

"Più spazio ho, più gli altri animali capiscono che sono potente. Più si ha, più si è potenti."

"Ma facendo così non avrai nessun amico!"

"Non ne ho bisogno. Io non ho amici, in compenso ho il rispetto degli altri animali."

"Forse è meglio dire che ottieni la paura dagli altri animali."
"Chi ha paura rispetta!"

"Mi rincresce per te. Il rispetto incatenato alla paura non è rispetto." E dicendo queste parole Max si allontana pensando di non aver mai trovato un animale così presuntoso e arrogante. E si domanda che cosa avesse paura di perdere. Forse il rispetto? Ma quel che gli altri animali provavano era solo terrore. Forse il controllo del territorio? Ma nessun altro animale popola più quel territorio così vasto. Forse si è convinto da solo di essere potente e rispettato, di non avere bisogno di nessuno, che la sua forza gli è sufficiente. Max fatica a capire come una vita possa essere basata sul sopruso del più forte sul più debole.

Passano dei mesi e un giorno Max si avvicina al presunto territorio del cinghiale, attento a non entrarvi. Sente un grugnito.

È il cinghiale che chiede aiuto. Max non pensa a lui come a un potenziale aggressore. Se un umano o un animale hanno bisogno di lui, accorre. Corre nella direzione del grugnito e trova il cinghiale. È caduto in un profondo fosso.

Non riesce più a uscire e si lamenta. Max afferra con i denti un grande bastone, lo porge al cinghiale e dice: "Afferrati con i denti. Io cerco di tirarti su. Aiutati con le zampe a fare presa sulle pareti del fosso". Max inizia a tirare. Lentamente retrocede e il cinghiale riesce, con le zampe, a non scivolare indietro. Lo sforzo che fa Max è enorme. Ma lui è sempre stato un cane fortissimo. Il più forte della nostra razza. Max ansima, ma non cede. Lotta per guadagnare ogni centimetro e, dopo un tempo che pare eterno, il cinghiale esce dal fosso. Max cade a terra esausto. È riuscito in un'impresa incredibile. Solo lui avrebbe potuto farcela. Voi non avete avuto il privilegio di conoscere Max. Era l'unione di forza e bontà.

Il cinghiale, oramai al sicuro, lascia il grosso ramo e si rivolge a Max: "Ti ringrazio di avermi aiutato. Ero nel fosso da due giorni e, se tu non fossi arrivato, sarei morto. Perché lo hai fatto? Io ti avevo minacciato e aggredito, da insensato, perché, ora lo so, ti ho visto in azione, sei più forte di me. Allora avresti potuto essere tu ad attaccarmi e mettermi in fuga".

"Non sento il bisogno di dimostrare di essere il più forte. E non ho l'abitudine di provare rancore. Tu avevi bisogno e io sono accorso."

"Tu sei un amico e ti ringrazio. Ho capito, grazie a te, che avevo paura di perdere il mio potere. La mia arroganza mi faceva sentire superiore agli altri animali."

Così il cinghiale abbandonò la sua arroganza e gli altri animali iniziarono ad amarlo.

Vi ho raccontato questa storia perché sentendola da Max ho capito che **la forza sta nel non volerla dimostrare.**

Se vi capita di incontrare nella vostra vita un animale o un umano presuntuoso o arrogante, ricordatevi della storia di Max e del cinghiale. Vi potrà aiutare a non prenderlo troppo sul serio e quindi a non subirlo. Oggi vi aspetta un'altra prova, seguitemi». E si avvia dietro il canile.

La miniera
Controllare la paura

I quattro cani seguono disciplinatamente Barry dietro il canile. Un sentiero scende verso la foresta. Barry inizia a seguirlo. È una giornata limpida, non vi sono nuvole ed è piacevole per tutti i cani fare una passeggiata.

«Stiamo andando a visitare una miniera», dice Barry, e continua: «nessun umano va più a lavorare in quel posto. È abbandonata da molti anni. Visitarla tutta richiederà l'intera giornata». Nessuno dei cani fa domande; sono curiosi di vedere la miniera e vivere nuove avventure.

Dopo circa due ore di cammino arrivano alla miniera. Barry si ferma e dice: «Molti anni fa, gli umani scavarono dentro le viscere della terra, in profondità, per procurarsi il carbone; laggiù non si vede più nulla. Il buio è totale, come non avete mai visto. Vi renderete conto che anche la notte più buia è illuminata se paragonata alle gallerie più profonde della miniera. Troveremo dei cunicoli molto stretti, in cui mandavano avanti i bambini in esplorazione. Scenderemo in un pozzo profondo, con una ripida scalinata che porta a una miniera sottostante.

Noi la raggiungeremo. Vi dico che non ci sono reali pericoli, vi anticipo solo che laggiù si perde la nozione del tempo e dello spazio. Ora seguitemi».

Barry entra nella miniera; il terreno è umido e scivoloso. Ma non vi sono vere difficoltà per i cani. «A che cosa ci serve questa prova?», domanda Gino, e nella sua voce affiora la paura.

«Imparerete a giocare con i vostri pensieri, a controllare le emozioni e a concentrarvi.»

Gino, non molto convinto, domanda: «Ma non vi è un posto migliore per fare queste esperienze?»

«Per fare esperienze è bene attivare emozioni. Non è un'esperienza spiegarti come calmarti o controllare i pensieri. Spiegare come si deve parlare a se stessi per raggiungere un obiettivo non serve a nulla. Bisogna provare, e solo in questo modo potrai imparare a gestire la tua ansia e le tue paure.»

La galleria si va restringendo: all'inizio era ampia, ora è larga soltanto un paio di metri. Il buio comincia a ostacolare la vista dei cani. Barry continua a camminare; dopo qualche centinaio di metri, ordina di fermarsi e dice: «Riuscite a vedere quel piccolo cunicolo sulla vostra destra? Dovrete entrarvi, uno alla volta, e dovrete acquattarvi per riuscire a passare.

Una volta entrati non sarà più possibile girarsi per tornare indietro; lo si potrà fare solo strisciando all'indietro. Un tempo, solo i bambini riuscivano a penetrare in quei cunicoli».

«Ma non si vede nulla, c'è un buio totale», dice Ula.

«Lo so, io andrò davanti a voi e la mia voce vi guiderà. Imparerete a tenere la mente lontana dalla paura. Imparerete a controllare le vostre emozioni. Ora seguitemi in questo ordine: subito dopo di me partirà Gino, poi Poldo, quindi Tom e infine Ula. Andiamo.»

Barry inizia a strisciare e dice: «Respirate lentamente, e ogni volta che vi spostate contate. Ora io conterò e voi conterete mentalmente insieme a me. Dobbiamo arrivare fino a cento. A ogni decina ci fermeremo per qualche secondo. Concentratevi sul vostro olfatto e sul vostro udito. Inizio a contare, al dieci ci fermeremo», Barry inizia a contare e tutti i cani contano con lui. Arrivati al dieci ordina di fermarsi e dice: «Molto bene, siamo arrivati fino a dieci. Respirate lentamente, contate cinque respiri e al quinto si parte». Dopo altri dieci spostamenti Barry dice: «Voglio sentir la voce di Gino prima e quella degli altri poi. Voglio sentire dire il vostro nome e la frase: "Io vado avanti"». Tutti i cani dicono il loro nome e la frase. «Bene, conto per altri dieci numeri.» Quindi dice: «Siamo già a trenta. Dite il vostro nome e la frase: "Io ci sono e vado avanti"». Tutti i cani ripetono, la loro voce è ferma e sicura. Barry riprende a contare, e raggiunto il dieci dice: «Benissimo, siete bravi. Dite il vostro nome e la frase: "Io ci sono, vado avanti e nulla mi può fermare"». Tutti i cani ripetono con forza la frase e Barry dice: «Molto bene, siete convinti e determinati. Continuiamo». Contato fino a dieci, dice: «Siamo arrivati a cinquanta e voglio sentire la vostra voce dire con forza il nome e la frase: "Io ci sono, sono determinato e continuo"». Tutti i cani ripetono la frase. E Barry riprende a contare. E ancora una volta al dieci dice: «D'ora in poi non conterò più a voce alta, ognuno di voi lo farà mentalmente. Io non parlerò più, non vi dirò che cosa dovrete dirvi. Parlate a voi stessi, ditevi frasi che vi aiutino ad andare avanti, a non cedere. Siete capaci di farlo! Siete capaci di incitarvi e di motivarvi. Non dirò più nulla, quando arriveremo a cento vi parlerò. Andiamo!» Dopo la pausa, Barry riprende a contare mentalmente fino a dieci, poi si ferma. Tutti i cani si arrestano. Gino è andato contro Barry. Ancora un altro tratto, e ancora si ferma. Anche questa volta Gino gli va a sbattere contro. Ancora una pausa di respiri, e riprende a strisciare. Questa volta un po' più velocemente. Al nuovo arresto sente dietro di sé Gino che sta ansimando, fatica o ha paura. Barry non dice nulla e riprende. Ha contato altri dieci numeri ed è arrivato a cento. Sente che tutti i cani si sono fermati e tacciono. Si sente ancora il respiro affannato di Gino. Ora il cunicolo in cui si trovano è un po' più alto, si può stare diritti sulle zampe. Il buio è talmente profondo che crea in loro sconforto e totale isolamento.

Barry dice: «Siete stati bravissimi! Avete affrontato coraggiosamente questa situazione. Ora c'è più spazio, posso girarmi e voi riprendete a seguirmi. Ora non è più necessario che conti. Il ritorno sarà facile. Andiamo!»

I cani seguono Barry, arrivano rapidamente al termine del cunicolo ed entrano nella galleria principale. Si alzano e si muovono avanti e indietro per sgranchirsi, e dopo pochi minuti Barry dice: «So che per alcuni di voi può non essere stato semplice. Che cosa mi dici, Tom?»

«Appena entrato, ho avvertito un'intensa paura. Mi dicevo: "Non riesco a respirare, se sto male non posso ritornare". Poi la tua voce mi ha calmato, contare mi è stato di aiuto. Ho iniziato a fare mie le frasi che dicevi, sentivo che mi davano forza, che mi servivano per calmarmi.»

«E tu, Poldo, che emozioni hai provato?», chiede Barry.

«Mi sono detto che, visto che c'eri tu a guidarci, non vi era nessun pericolo. Io ho fiducia in te. Ho seguito fedelmente le tue istruzioni. Era il buio totale a crearmi disagio. Ma avevi detto di usare l'olfatto, così mi sono concentrato sugli odori che sentivo e non ho provato paura. Concentrarmi sugli odori mi teneva la mente occupata.»

«Tu, Ula, come ti sei sentita?»

«Io ero l'ultima e mi sono detta: "Se sto male mi metto a strisciare indietro. Non è facile. Ma posso riuscirci". Questo pensiero mi ha subito calmata. Avevo contato, come tu ci avevi detto di fare. Pensavo che comunque avrei potuto contare anche per tornare indietro.»

«Anche tu, Gino, ci sei riuscito; sei stato bravo!», dice Barry.

«Sono stato male quasi fino alla fine. Tremavo e non riuscivo a respirare. Ho pensato che avrei voluto tornare indietro. Ma sapevo che non potevo, vi erano gli altri dietro di me. A darmi forza è stata la tua vicinanza. Poi, quando ci hai detto che dovevamo incitarci e motivarci da soli, sono riuscito a farlo. Le tue frasi erano impresse nella mia mente e continuavo a ripetermele, non pensavo ad altro.»

Ula interviene dicendo: «Ma questa prova che ci hai fatto fare, in che modo ci può servire per modificare i nostri comportamenti? Io, quando sono arrivata da te, volevo imparare a non arrabbiarmi, a controllarmi. Ho superato questa prova ma a che cosa mi può servire?»

«Vi è servita a capire che ciò che diciamo a noi stessi può farci superare difficoltà che non avremmo mai pensato di riuscire ad affrontare. Ciò che ci diciamo può generare ansia in noi o calmarci. Ci può far raggiungere un nostro obiettivo o, al contrario, allontanarci da esso. Tu, però, Ula, non hai superato la prova, e sai perché?»

«Ma sono andata fino in fondo e non sono tornata indietro... Quindi l'ho superata.»

«Anche se sei uscita dal tunnel, non hai affrontato la tua paura. Ti sei rassicurata al pensiero di poter ritornare indietro, di come cioè evitare di affrontare la situazione. Tu non ti sei detta: "Vado avanti, sono in grado di calmarmi e voglio raggiungere la meta. Io ci riesco!" Tu ti sei detta: "Se sto male torno indietro, sono l'ultima e posso farlo. Ho anche contato e so quanto mi manca per uscire". Questo è un pensiero che ti ha calmata, perché pensavi che avresti potuto fuggire. Possiamo avere dei pensieri che ci calmano, perché abbiamo progettato la fuga o, invece, altri che ci servono da stimolo per continuare ad andare avanti e non cedere.

Se ci abituiamo a usare pensieri orientati alla fuga, corriamo il rischio di evitare di affrontare le situazioni da cui non possiamo fuggire. Siete stati comunque tutti bravi e sono contento di voi. Ora andiamo avanti e tra poco troveremo il grande pozzo. Ora sapete che **il vostro comportamento dipende da ciò che vi dite e il vostro comportamento determina il vostro destino.**»

Il pozzo dei misteri
Saper decidere

Barry si mette in cammino seguito dai suoi amici. La galleria in cui camminano è sempre larga circa due metri e permette ai cani di camminare facilmente. La luce è scarsa ma sufficiente per vedere dove mettono le zampe. Con voce tranquilla Gino dice: «È strano, non ho più paura, dopo la prova precedente questo luogo, così tetro, non mi spaventa più. Avevi ragione, Barry, i timori si possono superare».

«La paura è nella mente. È come la nebbia che in montagna avvolge tutto; quando scendiamo, scompare e troviamo il sole. Tra poco arriveremo al grande pozzo.»

«Che cosa c'è nel grande pozzo? Non voglio dire di avere paura, sono solo preoccupato», afferma Gino.

«Vedrai, il pozzo ti sarà di aiuto per fare un'esperienza.»
Camminano ancora per qualche minuto, finché vedono davanti a sé un grande buco, largo più di dieci metri. «Siamo arrivati; avete davanti a voi il grande pozzo. Avvicinatevi all'orlo e guardate in basso. Il pozzo non è buio: come potete intravedere, vi sono degli scalini scavati nella parete. È come se tutto il pozzo fosse una scala a chiocciola. Adesso ditemi che cosa vedete o sentite.»

I cani si avvicinano e guardano verso il basso.

«È strano, mi sembra di aver visto un bagliore di luce. Ma non riesco a vedere il fondo», commenta Ula.

Tom interviene: «A me sembra di sentire una lieve corrente d'aria che proviene da laggiù».

«Io percepisco un vago profumo di erba. È il profumo dell'erba bagnata dalla pioggia. È strano sentire questo odore in questo posto», dice Poldo.

«Sento un suono, come un fiume che scorre», afferma Gino.

«Se io vi dicessi che non vi è nulla di ciò che vedete o sentite, che cosa mi direste?»

«Che posso essermi sbagliato, perché forse non c'è nessun fiume», afferma Gino.

«Perché dovresti esserti sbagliato?»

«Perché hai più esperienza di me e conosci questo posto.»

Barry, rivolgendosi a Poldo: «Non ti sembra assurdo che vi sia profumo di erba? Siamo in una miniera di carbone».

«È assurdo, lo so. Ma sento un lieve profumo e mi sembra proprio che arrivi dal basso.»

«Io non sento nessun profumo», dice Tom, e continua: «ma ho sentito una leggera corrente d'aria».

Barry si rivolge a Tom e dice: «Ma da dove può arrivare l'aria? Non si sente nulla».

«Ma io sono assolutamente sicura di aver visto un bagliore verso il fondo», dice Ula.

«Ma il fondo non si vede e il bagliore non c'è più!», afferma con molta sicurezza Barry.

«Quindi abbiamo avuto tutti delle visioni o delle allucinazioni? Non ci posso credere!», dichiara Ula.

«Sì, siamo in una miniera e tutto quello che avete visto o sentito non c'è. Siete stanchi per la prova precedente e in queste condizioni si possono anche avere delle allucinazioni. Vi volevo soltanto far vedere il pozzo, non ha senso entrarci e scendere!», dichiara Barry.

Ma Ula non sembra per niente convinta e dice prontamente: «No, non ci credo, Barry. Propongo di andare a vedere il fondo del pozzo».

«Ma non vedete il fondo. Forse ci vorrà molto tempo per arrivarci, non siete d'accordo?»

Tom interviene: «Ormai mi conoscete bene e sapete che sono spesso in disaccordo con gli altri. Ma questa volta ritengo che Ula abbia ragione. Voglio andare con lei a vedere. Che cosa ne pensi, Poldo?»

«Barry può avere ragione. Siamo tutti un po' affaticati. Ma il mio olfatto funziona anche se sono stanco. Sto imparando a fidarmi di me stesso, mentre finora ho passato la vita a dubitare di me. Mi sembrava che gli altri avessero sempre ragione. Vengo con voi; e tu, Gino?»

«Voi sapete che non sono molto coraggioso, ma...» Tom, spazientito, dice: «Se hai paura, rimani dove sei!»

«Ma non mi hai lasciato finire la frase; mi sembra che tu sia ancora un po' carente nell'ascolto. Stavo dicendo che pur non essendo coraggioso vengo con voi. Sono curioso e mi stupisco di come la curiosità mi aiuti a superare la paura.»

«Ma che cosa pensate di poter trovare nel fondo di un pozzo?», domanda Barry.

«Non lo sapremo mai, se non ci decidiamo ad andare subito laggiù», afferma Ula.

«Questa volta, io vi seguirò, se così avete deciso. Fate voi la strada e, se per caso incontrerete delle difficoltà, starà a voi superarle senza ricorrere al mio aiuto.»

Poldo, rivolto a Barry, dice: «Forse ci stai mettendo alla prova. Non capisco qual è l'esperienza che ci vuoi far fare. Ma ritengo che esserci trovati subito d'accordo sia già una grande conquista per noi. Mi sembra che stiamo imparando a sentirci davvero un gruppo».

«Sì, sono d'accordo con Poldo. Ci sentiamo uniti. Ora andiamo; se vi va bene parto io per prima», dice Ula.

Tutti i cani sono d'accordo e iniziano la discesa. Gli scalini sono ampi ma molto scivolosi.

Ula dice: «È bene tenerci molto accostati alla parete. Ricordiamoci di ciò che ci ha insegnato Barry nella prova precedente. Io inizio a contare gli scalini, mi sembra che sia meno impegnativo del cunicolo. Quando arrivo a contarne cinquanta, ci fermiamo. Vi è un po' di luce, forse man mano che scendiamo ve ne sarà ancora meno. Ma sono convinta che arriveremo in fondo».

Ula inizia a contare gli scalini. Procede molto lentamente. Arrivata ai primi cinquanta dice: «Dite i vostri nomi a voce alta e affermate che vogliamo continuare». I cani dicono il loro nome e con sicurezza affermano la loro volontà di andare avanti nella discesa.

Trascorrono i minuti. Si sono fermati già dieci volte e Ula ha contato cinquecento gradini. Ma ancora non si vede il fondo del pozzo. La luce è diminuita e con difficoltà riescono a vedere gli scalini. Durante tutto questo tempo Barry non ha mai parlato. Ha detto soltanto il suo nome ma non ha mai dichiarato l'intento di continuare.

Tom interviene: «Forse Barry aveva ragione, non si arriva da nessuna parte, dovevamo ascoltarlo».

Ula interviene: «Tom, senti ancora la corrente d'aria?»
Tom non risponde immediatamente, ma alla fine conferma: «Sì, la sento, non mi ero sbagliato».

«Allora si continua», afferma con sicurezza Ula, e riprende a scendere e a contare i gradini.

Si sono fermati per altre otto volte, quando Gino interviene: «Sento il rumore dell'acqua. Ormai si vede pochissimo, ma il rumore mi dà il coraggio per andare avanti».

Anche Poldo interviene: «Sento chiaramente il profumo dell'erba. Il mio olfatto non mi aveva tradito prima. È molto strano avvertire qui un simile profumo. È veramente un mistero. Andiamo avanti e vediamo!»

Ula riprende a scendere e a contare gli scalini. Tutti stanno procedendo molto lentamente, il buio è quasi totale. Si sono fermati altre sei volte. Hanno disceso milleduecento gradini. Ula inizia a pensare che forse sia bene tornare indietro. Si impone di continuare per altri cento scalini e riprende a scendere. Dopo pochi scalini si intravede una luce, che arriva dal basso. Ula si ferma e dice: «Si vede meglio che all'inizio della discesa». Poldo aggiunge: «E si sente molto più forte il profumo dell'erba, lo sentite anche voi?»

I cani lo sentono. Vi è anche più aria. Riprendono a scendere gli scalini, non hanno più dubbi. Vi è qualche cosa in fondo al pozzo. Continuano sempre a contare gli scalini. Sono arrivati a duemila. Ora la luce è intensa, e intensi sono il profumo di erba e il rumore dell'acqua.

«Siamo quasi arrivati!», dice Ula. Smettono di contare e procedono rapidamente. Barry non ha mai parlato e Tom lo interpella solo ora: «Perché non hai mai detto nulla? Perché non ci hai incoraggiati ad andare avanti? Questa è la prima volta che non ci dici nulla».

«Poi capirete.» E non dice altro.

Tutti i cani arrivano al fondo del pozzo. Vi è un ampio spiazzo di terra battuta, completamente illuminato. La luce arriva da un'ampia galleria a destra dello spiazzo. I cani iniziano ad abbaiare di gioia. «Ci siamo riusciti. È stata un'impresa difficile, ma ci siamo riusciti», dice Ula e continua: «adesso andiamo a vedere dove porta la galleria».

Si mettono in cammino. La galleria è larga forse più di quattro metri. È stata scavata nella roccia. Dopo poche decine di metri termina e i cani si trovano di fronte a un paesaggio incantevole. È una giornata limpida, il cielo è completamente terso. Il terreno è ricoperto di erba e digrada leggermente verso un torrentello che è a circa cento metri; oltre vi è una foresta. È un ambiente sereno che dà pace e tranquillità. In lontananza si vedono alte montagne.

«È un paesaggio bellissimo», dice Gino, con voce colma di gioia. Tutti i cani iniziano a correre e a rotolarsi sull'erba. È il loro modo per comunicare allegria e voglia di vivere.

Dopo alcuni minuti si calmano e Ula, rivolta a Barry, domanda: «Perché non ci hai detto che in fondo al pozzo avremmo trovato questo bellissimo posto? La discesa sarebbe stata più facile per noi. Io ho avuto un momento in cui avevo quasi deciso di tornare indietro. Eravamo arrivati a oltre mille scalini e non si vedeva quasi più niente. Poi mi sono fatta coraggio e ho pensato a ciò che ci avevi insegnato. Controllavo la respirazione e mi concentravo sul rumore dell'acqua e sul profumo dell'erba. Mi è anche venuto il pensiero che forse al fondo del pozzo potesse esserci un fiume in piena o una cascata d'acqua. Ho allontanato questi pensieri e mi sono detta: "Vai avanti e concentrati sui sensi. Calmati, sei capace. Ci sei già riuscita prima nel cunicolo. Qui è più semplice. Non cedere!" Ho anche pensato che, se avessi ceduto in quel momento, forse avrei trasferito anche a voi le mie paure. Sono proprio contenta di essermi controllata».

Gino interviene a sua volta: «Anch'io, quando siamo arrivati a circa duecento scalini, volevo dirvi che forse avevamo sbagliato a non ascoltare Barry. Si vedeva sempre meno e io avevo un po' paura. Non ho detto nulla perché temevo che rideste di me».

«Hai fatto bene a non dire nulla, perché mi avresti soltanto creato disagio. Stavo già male per conto mio, ci mancavi ancora tu! Mi sembrava davvero stupido fare questa esperienza senza una guida», afferma Tom.

Poldo, rivolto a Tom: «Penso che non avere avuto Barry come guida ci sia stato utile. Abbiamo dovuto, per una volta, cavarcela da soli. Io non penso di essere un cane molto coraggioso ma non ho provato paura. Avevo soltanto un po' di timore ma ero curioso di capire da dove arrivasse il profumo di erba. Tu mi hai detto che era assurdo sentire il profumo di erba, ma le tue parole non mi hanno convinto».

Ula si rivolge a Barry e domanda: «Perché hai cercato di convincerci a non andare? Non ci hai detto di desistere, ma ci hai creato dei dubbi. Ma mi sembrava inverosimile che tu ci avessi portato a vedere il pozzo per poi dirci di tornare subito indietro. Questo non è il tuo comportamento abituale: tu ci hai sempre spinto ad affrontare le situazioni, ci hai fatto diventare curiosi».

Barry, rivolgendosi ai suoi amici, dice: «Volevo vedere se siete in grado di volare da soli. Quando una mamma aquila sta per deporre le uova, prepara il nido, lo rende soffice e caldo con delle piume e dell'erba. Poi depone le uova e le cova fino a quando schiudono; quando gli aquilotti crescono, inizia a togliere dal nido un po' alla volta le piume e l'erba. Non è più piacevole stare nel nido. Poi, quando è giunto il momento di iniziare a volare, la mamma aquila spinge fuori dal nido un aquilotto. Lei è pronta a intervenire, se non riesce a volare. Ma continuerà a spingerlo fuori dal nido fin quando imparerà.

Ricordatevi che **fin quando non spiegherete le ali, non saprete se avete imparato a volare.**

È vero, ho anche cercato di dissuadervi, volevo vedere se voi foste in grado di decidere da soli, senza lasciarvi influenzare da me. Siete stati bravi, avete deciso e avete appreso che **ascoltiamo gli altri, ma decidiamo noi sul nostro comportamento**. È ovvio che dobbiamo sempre accettare le conseguenze del nostro atteggiamento senza trovare delle autogiustificazioni. Ora possiamo andare a bere nel torrentello e a mangiare delle succose bacche. Tutti gli alberi qui intorno ne sono colmi».

I cani vanno rapidamente al fiume, perché sono assetati, poi vanno a cercare le bacche. Dopo essersi saziati, si distendono in riva alle acque e si riposano al sole.

Dopo circa un'ora di tranquillità, Barry si rivolge ai suoi amici: «Si sta facendo sera, dobbiamo tornare. Voi tornerete ai vostri canili, io vi guiderò per un tratto, ma poi sta a voi trovare la strada che vi conduce a casa vostra. Ci rivedremo tra sette giorni. Dovrete arrivare al mio canile alle prime luci dell'alba. Sarà la giornata conclusiva. Verrete messi alla prova con voi stessi».

«Ma ci siamo già messi alla prova con noi stessi. Che cosa dobbiamo ancora sapere?», domanda Ula.

«Ora sapete già molto, ma *sapere* non vuol dire *essere*. Ora tornerete per alcuni giorni a casa. Può succedere che, per quanto abbiate appreso nuovi comportamenti, ritornando nel vostro ambiente abbiate la tendenza a comportarvi come prima. Ma ricordatevi sempre che soltanto con l'esercizio continuo si ottengono risultati duraturi.

Voi avete imparato molto sul comportamento assertivo canino. Avete fatto grandi progressi, ma le vecchie abitudini non si cambiano facilmente, tendono a ritornare. Ognuno di voi dovrà ancora fare i conti con i suoi vecchi comportamenti che sono ancora da modificare. Ma voi sapete ciò che dovete modificare del vostro atteggiamento.

È inutile che ve lo dica io. Domani sarà per voi una prova decisiva. È ora di ritornare.»

Tom sta per dire qualcosa, ma si trattiene; sembra nervoso. Barry percepisce il suo disagio, ma tace. È consapevole che i suoi amici, il giorno stabilito, saranno pronti ad affrontare la prova finale. La più impegnativa. Barry li accompagna per un tratto di strada. Li saluta e loro si dirigono verso i propri canili.

La montagna
Accettare il "no"

Al settimo giorno, tutti i cani arrivano puntuali. Davanti c'è Poldo, poi Gino; seguono Ula e Tom.

«Non ho dormito tutta la notte; ero agitato, non so che cosa dovremo fare, sono preoccupato», dice Tom con voce flebile, ben diversa da quella di alcuni giorni prima.

Barry approva con il muso ciò che sta dicendo Tom e dice:

«Sono molto contento che tu ci comunichi il tuo stato d'animo, le tue difficoltà e le tue insicurezze. Credi che qualche giorno fa lo avresti fatto?»

«No! Non avrei detto niente.» Poi ci ripensa e continua:

«Non è vero, ti avrei detto che avresti dovuto darmi tutte le informazioni necessarie e, se tu non me le avessi date, mi sarei arrabbiato tantissimo!»

«Come avresti passato la notte?»

«Mi sarei detto che stavo male per colpa tua, che non sei affidabile, avrei covato rancore nei tuoi confronti!»

«E che cosa mi avresti detto questa mattina arrivando?»

«Che non sarei venuto, perché questo non è il modo di comportarsi. Mi sarei arrabbiato moltissimo.»

«Quello che hai fatto è un grande passo verso l'assertività canina. Non mi hai incolpato del tuo disagio, ma hai giustamente ritenuto che il disagio fosse tuo. **Ricordiamoci che, se usiamo il "TU", siamo aggressivi, se usiamo l'"IO" siamo assertivi.** Dire: "Tu mi hai fatto stare male" è aggressivo, dire: "Io sto male" è assertivo. Ci aiuta a riportare l'attenzione su noi stessi e quindi a modificarci.»

Poldo guarda attentamente prima Tom e poi Barry e dice:

«Scusa, Barry, come mai Tom riesce a modificare il suo comportamento, e infatti ora mi è più simpatico, mentre il mio padrone invece è sempre uguale, cioè aggressivo? Perché non sente anche lui il desiderio di modificarsi?»

«Con gli umani è un po' più difficile che con noi cani; noi siamo predisposti ad aiutare e a capire i bisogni altrui. Ci possono essere dei cani disturbati che sono violenti con tutti, anche con i bambini. Ma sono eccezioni. Gli umani faticano e devono impegnarsi per trovare un equilibrio tra i loro e gli altrui bisogni. Ricordati il racconto del pesce Filippo. Tendono ad anteporre i propri. Ma vedrai che la tua assertività potrà essere di aiuto per il tuo padrone. Ora venite nel mio canile, vi aspetta una buona colazione.»

Gli amici si dirigono al canile e trovano quattro ciotole con pezzi di carne e verdure. È un'ottima colazione e tutti mangiano di gusto. Appena hanno terminato, Barry con voce allegra dice: «Ora partiamo tutti insieme e andiamo verso quella montagna che vedete in lontananza. Per raggiungerla è necessario trotterellare per circa un giorno. Dovremo passare due piccoli corsi d'acqua e superare alcuni ostacoli».

«Possiamo sapere che cosa andremo a fare in montagna? Sono soltanto curioso», domanda gentilmente Tom.

«Quando arriverete, lo saprete. Ora andiamo, seguitemi!»

Tom non è molto soddisfatto della risposta, ma si sforza di

tacere e segue subito Barry. Tutti i cani si avviano, in silenzio, al trotto. Per circa mezz'ora la strada è in lieve salita ma è facile procedere. In lontananza vedono una casa di pietre; dal camino esce un po' di fumo.

«Andiamo verso quella casetta, ci sono degli amici», dice Barry e si dirige rapidamente verso l'edificio. Sono a poche centinaia di metri dall'abitazione quando Barry invita gli amici cani a fermarsi e dice: «Aspettatemi, vado da solo dagli umani».

«Non posso venire anch'io? Sono curiosa di conoscerli», domanda Ula.

«Vado da solo! Voi, intanto, provate a capire perché non vi faccio venire tutti con me!»

Barry si dirige verso la casa. Arrivato davanti alla porta, batte per tre volte con la sua grande zampa. La porta si apre e Barry trova il suo vecchio amico Carlo, un uomo anziano, alto e magro. È ancora un uomo forte; vicino a lui, sua figlia Marta, una donna ancora giovane che di tanto in tanto va a trovare il padre. Lei vive in città. Barry non entra, perché sa che la donna ha paura dei cani. Ricorda quando la conobbe, alcuni anni prima. Stava andando a casa di Carlo, accompagnato da un cucciolo di San Bernardo. Vedendo la donna davanti alla casa Barry si era fermato. Sapeva, per esperienza, che alcuni umani hanno paura dei cani.
Era sua abitudine aspettare di essere invitato ad avvicinarsi.

Il cucciolo, invece, si era messo a correre verso la donna per salutarla. Marta, nel vederlo, aveva urlato, si era precipitata in casa e aveva chiuso la porta. Il cucciolo era tornato avvilito da Barry; non riusciva a capire perché la donna si fosse messa a gridare. Barry lo aveva tranquillizzato e gli aveva spiegato che non dobbiamo aspettarci che un nostro bisogno sia sempre soddisfatto. Quello del cucciolo era di socializzare, di stabilire un rapporto. Ma questo era un bisogno suo, non di Marta.

Ora, a distanza di anni, Barry vede ancora Marta retrocedere. Si legge la paura nei suoi occhi.

«Sono passato a trovarti. Ti serve qualche cosa?», domanda Barry a Carlo.

«Ti ringrazio di essermi venuto a trovare», e così dicendo lo abbraccia. Marta è sempre in casa e tace.

«Ti ringrazio, Barry, ma non ho bisogno di nulla. Mia figlia ha paura dei cani, ha perfino anche un po' paura di te. Sa che una volta mi hai salvato, quando mi ero rotto una gamba e andasti a chiamare aiuto. Ma ha ugualmente paura.»

«Mi piacerebbe aiutarla a superare la sua paura, ma deve essere lei a volerlo. Se ne avrà bisogno, io ci sarò.» Poi appoggia e strofina il grande muso su una gamba del vecchio, ritorna dagli amici cani e chiede: «Allora, avete pensato perché vi ho detto di non venire con me?»

«Ognuno di noi ha dato la propria versione», dice Gino.

«Io ho pensato che fosse una prova per vedere se eravamo ubbidienti. Ula ha detto che volevi vedere se ci saremmo innervositi per l'attesa. Tom, che andavi a chiedere del cibo, e Poldo, che forse nella casa poteva esserci per noi un pericolo.»

«Miei cari, voi non avete visto nulla e avete fatto delle supposizioni. Qualcuno di voi ha anche provato rabbia perché non l'ho portato con me?»

«Io mi sono un po' arrabbiata, mi ha dato noia il tuo "No".»

«È bene imparare ad accettare il "No" per avere il diritto di usarlo. Inoltre è inutile andare dietro ai pensieri senza avere la minima prova per sostenerli. Sono andato da solo perché ero quasi sicuro che ci fosse la figlia del mio amico. Lei ha paura dei cani, pure di me, anche se mi conosce bene. Immaginate il suo terrore se avesse visto arrivare un mastino e un lupo seguiti da altri due cani. Provate a pensarci!»

«Se ce lo avessi spiegato, avremmo capito, ma così», interviene subito Tom.

«Io invece non l'ho fatto, in modo da lasciarvi liberi di interpretare; ma, anziché valutare la situazione con distacco, avete reagito solo all'emozione che il mio "No" vi ha procurato. E ora andiamo, abbiamo ancora molta strada da fare», e si avvia trotterellando svelto.

Tutti i cani seguono Barry, che mantiene un'andatura rapida. Il sentiero che stanno seguendo li conduce in un bosco. La vegetazione diventa fitta e devono procedere più lentamente. Impiegano più di un'ora ad attraversare il bosco. Il sentiero non c'è più, ma Barry procede sicuro. La strada si fa più ripida, non vi sono più alberi e il terreno è molto scivoloso. Ma nessun cane rallenta l'andatura imposta da Barry. Dopo poco tempo arrivano in uno spiazzo, da cui è possibile vedere la valle sottostante. Sul fondovalle vi è un piccolo torrente. «Andiamo in quella direzione, troveremo dell'acqua da bere», dice Barry, e riparte al trotto. Tutti i cani sono sempre in silenzio. Gino è l'ultimo e fatica a tenere l'andatura; non è molto abituato alle lunghe marce. Arrivano velocemente al torrente, l'acqua è impetuosa e spumeggiante. Tutti i cani si dissetano. «Ora dobbiamo attraversare a nuoto, non c'è altra possibilità», dice Barry e inizia a immergersi.

Subito i cani, eccetto Tom, lo seguono. Barry, che sta controllando i suoi amici, si ferma e altrettanto fanno gli altri.

Guardano tutti Tom che è immobile, ma che dopo pochi secondi esplode: «Perché mi guardate così? State pensando che sia un cane pauroso? Patisco l'acqua fredda, non sono abituato, io vivo sempre in una casa».

Barry torna rapidamente indietro, sorridendo, e con voce rassicurante dice: «Non ti preoccupare, adesso ci penso io», e senza difficoltà prende delicatamente Tom tra le sue forti mascelle e lo solleva. Tom è stupefatto e non osa dire nulla. Barry si immerge in acqua e si dirige lentamente a nuoto verso l'altra sponda, tenendo sollevato dall'acqua Tom, che sembra pietrificato. Gli altri cani lo seguono nuotando senza nessuna difficoltà. Arrivato sull'altra sponda, Barry posa delicatamente Tom a terra. E subito dietro arrivano gli altri che si scuotono per togliersi l'acqua di dosso. Poi iniziano a correre e a rotolarsi nell'erba. Tom è ancora immobile; appare disorientato. «Hai avuto una bella paura, Tom, è vero? Ma ora è tutto passato», dice Barry.

«Perché mi guardavate male? Eravate arrabbiati con me?»

«Ti abbiamo detto che eravamo arrabbiati? Forse Poldo o Gino lo erano, loro si arrabbiano facilmente», dice con tono allegro Barry. Poldo e Gino si mettono a ridere e Poldo: «Sì, siamo dei cani che si arrabbiano subito. Ma no! Tom, volevamo soltanto capire come aiutarti».

«Bel modo di aiutarmi, mi guardavate male.»

Pazientemente, Barry interviene: «Vedi, Tom, stai facendo un piccolo sbaglio, stai interpretando. Hai pensato che ce l'avessero con te. Non ti è venuto in mente che stavano pensando a come esserti di aiuto. Ricordati, noi siamo cani ed è nostra abitudine aiutare. Hai fatto tutto da solo: hai interpretato e hai tratto le tue conclusioni. Ricordati che forse è meglio fare domande che interpretare. **Interpretare ci può portare ad attribuire agli altri intenzioni ostili nei nostri confronti.** Non è utile».

«Barry, ma quando si mangia?», chiede Gino. «Ho fame!»

«Capisco! Va' a trovare il tuo cibo, noi aspettiamo.»

«Ma io non sono capace, non so dove trovarlo, sono un cane sedentario! In questa settimana nel mio canile mi sono sempre riposato. Ero stanco per tutto il moto che abbiamo fatto l'altra settimana.» E scuote il grosso muso con fare rassegnato.

«Ora non sei più un cane sedentario, ti stai muovendo da alcune ore. Hai superato con noi molte prove impegnative. Partiamo, perché presto verrà la nebbia ed è bene portarci avanti.»

Così dicendo si rimette a trotterellare.

Il nulla
Gestire la frustrazione

Ora il percorso è ripido, stanno salendo la montagna.

«Quando arriveremo?», chiede Gino.

«Dipende dal tempo», ribatte Barry.

«Ma anche se il tempo è bello io sono un cane pigro, me l'hanno sempre detto. Siamo una razza pigra, tutto questo movimento non mi fa bene. Sono giorni che camminiamo. Per me è stato molto faticoso scendere nel pozzo. E ho anche fame.»

«Il tempo può cambiare da un momento all'altro. Non aspettarti che sia come vuoi tu. Così è la montagna. Dobbiamo affrettarci. Più continui a dire che sei pigro, più ti convincerai e vivrai da pigro. Ora non lo sei, stai trotterellando da ore.»

«Sì. Ma sono stanco.»

«Essere stanchi non vuol dire essere pigri. La stanchezza può passare ma l'essere pigri è un'abitudine acquisita, è un modo di vivere, di marchiare il tuo carattere. **Non metterti un marchio sulla spalla, finirà per diventare il tuo destino.** Il tuo destino sei tu, non il tuo marchio.»

La salita si fa ancora più ripida e sta salendo la nebbia.

Continuano ad avanzare, ma più lentamente. Il cielo non si vede più, la nebbia sta avvolgendo tutto. Sembra di entrare in un mondo irreale in cui il tempo è rallentato.

«Fermiamoci in questa piccola radura e riposiamoci un po'», ordina Barry.

«Perché non andiamo avanti? Il sole è ancora alto», dice Ula.

Barry non risponde a Ula, ma rivolgendosi a tutti inizia a raccontare.

«Molti anni fa, questa montagna era il territorio di orsi giganteschi. Non lasciavano passare nessun animale o umano, se non superava una prova. Un giorno decisi di salirla, spinto dalla curiosità. Quando arrivai esattamente in questo punto, mi trovai davanti un orso gigantesco che con fare molto minaccioso mi disse: "Tu, cane, dove pensi di andare? Non puoi passare! Devi superare la *prova del nulla*, tutti noi orsi l'abbiamo superata".

Io ero atterrito e risposi: "Che cos'è la *prova del nulla*? Qualcuno è riuscita a superarla?"

"Sì. La prova è stata superata da un cane prima di te." "E se non la supero che cosa può succedermi?"

"Lo saprai solo dopo aver sostenuto la prova." "Sono pronto. Che cosa devo fare?"

"Torna indietro per la tua strada. Più a valle troverai un grande albero, dovrai staccarne un ramo e riportarmelo. Dovrai essere di ritorno quando il sole sparirà dietro quella montagna", e me la indica.

Io ritorno rapidamente indietro e mi metto a cercare un grosso albero. Ma non riesco a trovarlo, gli alberi erano tutti piccoli. Disperato, torno indietro e mi ripresento all'orso: "Non ho trovato l'albero grosso, erano tutti piccoli".

"Forse non c'è più! Ritorna da dove sei venuto, c'è un sentiero sulla tua sinistra, è molto ripido; prendilo. Troverai subito un cesto posato per terra, portamelo."

Volevo continuare, benché la prova mi sembrasse stupida. Avevo sempre trovato oggetti e persone. Quando i monaci mi dicevano: "Barry, cerca!", io iniziavo a esplorare il terreno, ad annusare l'aria. Lo facevo con metodo. Sapevo individuare le piste degli umani nella neve, trovare da mangiare fuori dai sentieri di montagna. Questa volta la ricerca mi sembrava facile. Corsi rapidamente giù dalla montagna e cercai il cestino. Lo cercai attentamente, ma non c'era. Ritornai su dall'orso e gli dissi: "Il cestino non c'è, ho cercato attentamente. Non so spiegarmi come mai non sia riuscito a trovarlo".

"Forse l'ha preso qualcuno prima di te. Vuoi continuare?"
"Si! Continuo."

"Ora sali per la montagna. Quando avvisterai una grotta, entraci. Dentro troverai del cibo per te. Mangialo e poi dimmi se ti è piaciuto."

Andai su per la montagna, trovai la grotta e pensai: "Finalmente trovo qualche cosa, la grotta c'è, è un buon segno. Ci sarà certamente il cibo". Ma il cibo non c'era.

Tornai avvilito dall'orso ma ero sempre deciso a continuare e gli dissi: "Ho trovato la grotta ma non il cibo".

"Forse qualche altro animale l'ha mangiato prima di te. Vuoi sempre continuare?"

"Sì, io continuo."

"Bravo! Le prove sono finite e tu le hai superate."

"Ma non ho trovato mai nulla! Io devo farcela, prima o poi riuscirò a superarle!"

"La prova è terminata e tu l'hai superata. Non ti sei arrabbiato per le aspettative che ti avevo creato. Avresti continuato a cercare con determinazione e non ti sei mai vantato delle tue abilità di cane San Bernardo, che ha da sempre trovato umani e cose. Le prove erano tutte *aspettative che non si realizzano*, e per ognuna hai dimostrato di avere la qualità necessaria per superarla.

La prima: **la capacità di gestire la frustrazione.** La seconda: **la costanza.** La terza: **l'umiltà.** Sei il benvenuto nel mondo degli orsi, sei nostro fratello. La *prova del nulla* vuol dire che niente e nessuno può fermare la tua personale determinazione. Tu l'hai dimostrato."

Io strofinai il mio muso contro la sua grande pancia e ritornai soddisfatto al canile. Mi ero dimenticato di voler esplorare la terra degli orsi. Non ne sentivo più il desiderio. Ero davvero in pace con me stesso.

Ora vi chiederete perché vi ho fermato qui nella nebbia.»

«Forse perché è pericoloso procedere», dice Poldo. «Penso che ci siamo fermati perché io sono stanco», dice Gino. «No. È perché vuole metterci alla prova, vuole vedere se abbiamo paura della nebbia», sostiene Tom.

Barry li guarda e sorridendo dice: «La nebbia qui c'è quasi sempre e non penso che vi faccia molta paura. Siamo tutti cani e sappiamo orientarci. Ci siamo fermati perché volevo raccontarvi dell'orso e dirvi che siamo quasi arrivati dove volevo portarvi. Salendo ancora troveremo una caverna che un giorno il mio amico orso mi fece scoprire. Ora gli orsi non ci sono più, se ne sono andati in un'altra valle. Poco prima di andare via, il mio amico mi chiamò e mi fece vedere la grotta. Una grotta il cui ingresso non era visibile. Davanti vi erano cresciuti degli alberi che ne nascondevano completamente l'entrata. È una grotta antica ed era stata abitata, tanto tempo fa, da animali. Erano orsi enormi. Seguitemi e andremo a vederla». Tutti si mettono in movimento dietro a Barry.

La grotta
Liberarsi dal passato

Barry supera con una certa difficoltà gli alberi. Riesce a passare, lo seguono immediatamente tutti i suoi amici. Vi è una fessura davanti a loro, non più grande di una porta. Entrano; il terreno è molto scivoloso e le pareti sono umide. Dopo pochi passi si apre davanti a loro una larga e grande caverna. Si spingono dentro e vengono immediatamente avvolti da una luce che arriva dall'alto. Vi è una fessura nella roccia. La luce è spettrale. Barry si ferma e si guarda intorno.

«Avete paura?», domanda.

«No», rispondono tutti insieme. «Non abbiamo assolutamente nessuna paura.»

«Ci hai già abituati a gestire le nostre paure», afferma Ula.

«Sì, dopo aver superato la prova della miniera non temo più nulla», dichiara Tom.

«Capisco che vi sentiate sicuri, ma la paura può sempre tornare. Quando è eccessiva, ci può paralizzare, ma sono convinto che voi ora siete in grado di gestirla, di controllarla.

Sapete come fare. Bene, ora possiamo andare avanti verso il

fondo di questa grande caverna. Là si aprirà di fronte a voi un altro passaggio.» Si mettono in moto e vanno verso il fondo. Arrivati di fronte all'apertura Barry si ferma.

«Ora voglio sapere chi di voi è pronto per andare dall'altra parte. Laggiù qualcosa lo aspetta. Poi tornerà indietro e non dovrà dire a nessuno che cosa ha fatto o visto. Chi di voi è pronto per partire?»

«Io», dice Ula, «voglio andare, sono curiosa».

«Vai pure.» Ula parte.

Tutti gli altri cani, seduti davanti all'apertura, attendono. Dopo un tempo che pare non aver mai fine, i tre cani sono molto irrequieti. L'unico tranquillo è Barry, che se ne sta disteso a sonnecchiare. Sentono l'abbaiare di Ula, un abbaiare festoso come se avesse trovato un amico. Poi più nulla. Ora si sente Ula che sbuffa come se stesse faticando. Nuovamente abbaia ed è un abbaiare di gioia. Gli altri cani aspettano Ula; sono tutti curiosi, vogliono sapere che cosa li attende. Arriva Ula allegra e soddisfatta. Tutti i cani le vanno incontro, lei li saluta con gioia, ma tace. E gli altri, per quanto impazienti di sapere, ne rispettano il silenzio, perché questo era l'impegno che si erano dati.

«Chi vuole andare?», domanda Barry.

«Io! Sono pronto!», dice Gino.

«Non hai paura? Mi sembrava che tu fossi nervoso e agitato», afferma Barry.

«Ora che è arrivata Ula, allegra e serena, non ho più paura. Che cosa dovrei temere?»

«Non dico che tu debba avere paura, ma...»

«Allora c'è da aver paura? Può essere pericoloso?»

«Non ti ho detto che è pericoloso o che sarà pericoloso. Ciò che voglio dirvi è che una situazione può essere divertente per un cane e pericolosa per un altro. Voi sapete che la mia razza, i cani San Bernardo, è stata addestrata per affrontare neve e nebbia. Sappiamo orientarci e ritrovare con qualunque tempo la strada del ritorno. Possiamo sopportare i climi polari e...»

«Che cosa c'entra tutto questo con l'andare soltanto nell'altra grotta?», interviene irrequieto Tom.

«Avrei piacere di continuare. Quando noi cani San Bernardo stiamo nel freddo e nella neve, stiamo bene. E se ritorniamo, dopo ore di marcia nella neve e nel freddo, siamo allegri e contenti. Per noi è stimolante, e diventa divertente. Ma non è così per un cane di città o non allenato, per lui può anche essere una situazione mortale. Una volta dovetti andare a salvare un cane da caccia che rischiava di morire per la neve e il freddo. Era un cane con il pelo lungo e la neve si era fermata sul suo mantello. Le sue zampe erano ricoperte dal ghiaccio. Non poteva quasi più muoversi, era diventato una palla di neve. Con enorme difficoltà riuscii a portarlo al canile dell'abbazia.»

«Ci hai raccontato questo per spaventarci», dice Gino.

«Forse è bene che vada qualcun'altro di voi, io aspetto ancora un momento.»

«Va bene, vado io», dice Poldo, e così dicendo va verso la fessura nella grotta.

«Tu, Gino, hai avuto paura di andare!», afferma Tom.

«No! Non ho avuto paura, dopo ciò che ha detto Barry ho capito che è meglio essere più prudenti.»

«Ma quale prudenza? Tu hai paura. È strano che un cane così grosso sia insicuro e timoroso», insiste Tom

«Essere grosso non vuol dire essere imprudente.»

«Gino, stai giustificandoti! Ricordati che: **non devi giustificare il tuo comportamento.** Tom può dire ciò che vuole. Ciò che ti dice ti deve entrare da un orecchio e uscire dall'altro. Se ti giustifichi o ti arrabbi, è perché ti è rimasto dentro. Ha toccato una parte di te che non volevi fosse scoperta. Tom ti dà l'opportunità di esercitarti.»

«Grazie, Tom, continua a trattarmi male e a denigrarmi, così mi dai l'opportunità di esercitarmi a farti uscire dalle mie orecchie.»

«Ma Poldo non abbaia, non si sente nulla», afferma Tom, guardando gli altri cani, tutti seduti e attenti, tranne Barry che riposa disteso per terra, come se nulla lo preoccupasse.

Il tempo passa lento per tutti i cani, tranne che per Barry, che ora dorme beato.

«Sarà bene andare a vedere; è successo qualche cosa a Poldo, è passato molto tempo, sarà rimasto bloccato nella caverna. Forse è morto, non lo si sente abbaiare», dice Gino.

All'improvviso, Poldo appare davanti a loro.

«Finalmente sei arrivato! Eravamo tutti molto preoccupati», dice Gino.

«Parla per te, io dormivo e mi hai svegliato con il tuo parlare», ribatte, stirandosi, Barry.

Il cane che si trovano tutti davanti non sembra il Poldo che conoscevano, dall'aria insicura e abbattuta. Il Poldo che osservano dimostra sicurezza e decisione. È eretto e il suo portamento è fiero. Tutti sono allibiti dalla metamorfosi. Avevano già visto un cambiamento in Ula, più posata e controllata, meno impulsiva. Ora anche Poldo è cambiato.

«Vado io, tocca a me», dice Gino e si avvia.

I cani si sdraiano per terra, come Barry. Sono tranquilli. D'improvviso sentono un abbaiare di paura, di terrore. Tutti si rizzano sulle zampe, tranne Barry. Poi un abbaiare sordo e minaccioso, che si trasforma in un ringhio rabbioso. Segue un improvviso silenzio. Un nuovo abbaiare di allegria e di gioia. Tutti i cani si guardano, non capiscono più nulla.

«Che cosa sta succedendo?», dice Tom

«La liberazione», dice Barry, sollevando il capo da terra. Gino torna. Quando è di fronte a loro, gli altri percepiscono un cane deciso, sicuro di sé, che trasmette energia e forza.

Il Gino che conoscevano, dall'aria abbattuta e stanca, ha lasciato il posto a un cane nuovo, che sembra pronto ad affrontare ogni evento.

«Io vado», e così dicendo Tom si avvia, sicuro di sé.

Tutti i cani sono tranquillamente sdraiati e sonnecchiano, ma si destano immediatamente all'abbaiare lamentoso di Tom. È un lamento continuo, che pare non avere fine. Poi un prolungato silenzio. Trascorre molto tempo. Tom torna, ha perso la supponenza e l'arroganza che lo caratterizzavano. Appare stanco e provato. Il suo sguardo è dolce e sereno. Si distende per terra e si appisola.

Le prove di Ula e Tom
Trovare se stessi

Barry lascia riposare Tom, mentre gli altri cani si mettono a esplorare la grande grotta. Trovano una pozza di acqua vicino alla parete e bevono. Sono tutti molto assetati. La paura, anche quando è passata, lascia la gola secca. Dopo un po', sentono il richiamo di Barry:

«Venite, si fa tardi. Prima di riposarci per la notte e ritornare al canile ognuno di voi può iniziare a raccontare la sua esperienza e le emozioni provate. Inizia tu, Ula.»

«Quando sono entrata nella fessura della roccia, ho avuto subito molta paura. Volevo tornare. Non capivo di che cosa dovessi avere paura. Vai avanti, mi dico, sei in un passaggio stretto, ma prima o poi finirà, calmati. Agitarti non serve. Procedi lentamente. Qualunque sia la prova, dovrai affrontarla. Non serve preoccuparsi. E, improvvisamente, mi trovo in un'altra caverna, più piccola di questa. Al fondo, a destra, vedo partire un sentiero scavato nella roccia, che sale verso la sommità della caverna. Nel punto in cui la parete si curva per diventare volta, vi è una fessura da cui arriva la luce. Mi fermo un attimo e cerco di orientarmi, quando vedo arrivare lentamente verso di me un orso dall'aria bonaria. Almeno così mi sembrava, e io lo saluto festosamente. "Ciao, orso, sei un amico di Barry? Che cosa fai qui? Pensavo foste andati via."

"Io ho il compito di farti vedere chi sei; se vuoi puoi subito ritornare dai tuoi amici, ma se lo fai, non saprai mai chi sei realmente."

"Io so chi sono, sono Ula, ma voglio stare qui e capire." "Va bene! Ula è il tuo nome, ma tu sei il tuo comportamento, è lui che è parte di te" e così dicendo si avvicina, mi afferra con le sue grandi zampe, mi mette un collare, mi lega a una catena che era fissata nella roccia e si allontana. Provo a divincolarmi, cerco di strappare la catena dalla roccia ma non ci riesco. Mi accuccio per terra e inizio a guaire.

L'orso mi si avvicina e dice: "Tu ora sei un cane alla catena: hai provato a strapparla e non ci sei riuscita. Io posso lasciarti qui quanto voglio o liberarti.

La catena è un tuo comportamento che non ti lascia libera, è una tua abitudine.

Se io ti lasciassi alla catena e ti dessi ogni tanto da bere e da mangiare, tu potresti passare legata tutta la vita. Vivere legata diventerebbe il tuo destino.

Se vuoi rompere la catena e con essa il tuo destino, tu dovrai dire con me tre parole. Ma soltanto quando le dirai con convinzione la catena si romperà e tu sarai libera. Dovrai credere in ciò che dici. Le tre parole per te sono: **ascolto, capisco, tollero**". "Ascolto, capisco e tollero", ripete rapidamente Ula. "Non convinci nessuno, tanto meno te stessa. Hai ripetuto ma non hai capito. Ora io mi allontano, chiamami quando sei davvero pronta."

Ripenso alle tre parole. In fondo, perché sono andata da Barry? Perché sono irascibile e mi arrabbio per un nonnulla. Poi posso anche sentirmi colpevole di avere trattato male gli altri. Ma ascolto davvero ciò che mi dicono? Sto realmente attenta, come fa Barry, o sento soltanto le parole? È vero, sento soltanto, non ascolto. Se ascoltassi attentamente, sarei in grado di ripetere e ricordare che cosa mi dicono gli altri. È chiaro che così non posso capire davvero gli altri, e mi arrabbio. Come mi è possibile controllarmi se non ascolto? Ma, oltre a non ascoltare gli altri, non ascolto neanche me stessa. Non presto attenzione alla mia rabbia che sale, al mio cuore che batte più rapidamente, al mio respiro che diventa affannoso. Non ascolto proprio nulla.

Chiare immagini mi ritornano in mente, mi osservo in un attacco di collera con il cane dei vicini. L'immagine di me è chiara: sto digrignando i denti e sono pronta ad attaccare. Perché mi sono arrabbiata? Non ne ricordo bene il motivo. Mi vengono in mente le immagini di quando mi adiro con i miei padroni, le scene si susseguono come in un film, mi vedo mentre mi arrabbio, mentre ringhio e percepisco dentro di me le emozioni che ho avvertito. Quel cane sono io. Perché mi sono sempre comportata così? Non ho mai ascoltato gli altri e mi irritavo alla prima parola o comportamento che non condividevo. Che cosa ho dimostrato? Di non voler subire. Ma subivo me stessa, subivo il mio modo di essere. Non ero libera di poter scegliere il mio comportamento. In quel momento, ho capito perché ci hai fatto fare l'esercizio di resistere alla tentazione di mangiare l'osso e ci hai detto che la libertà personale è anche saper controllare uno stimolo e non subirlo. Sono diventata consapevole che le mie abitudini erano diventate la mia gabbia. Ho anche ricordato quando Max aveva salvato il cinghiale e tu avevi capito che la vera forza sta nel non volerla dimostrare.

Inizio a sentirmi in pace con me stessa, sento una tranquillità che non avevo mai avvertito prima. Vedo finalmente gli altri cani e gli umani non come avversari ma come amici, sento di voler bene agli altri, di poterli capire. Comprendo di essere ormai un cane nuovo, inizio a sorridere a me stessa e abbaio di gioia.

Come per incanto il collare si apre e mi ritrovo per la prima volta libera da me stessa.

L'orso si avvicina e mi dice: "**ascoltare, capire e tollerare** sono in te e la vita è tua, non più controllata dalla rabbia e dall'impulsività. Vai, Ula", e così dicendo mi abbraccia con le sue forti zampe. Poco tempo dopo ero da voi. Ho faticato molto a non dirvi come mi sentivo.»

«Non avevi bisogno di parlare, abbiamo capito che eri diversa», afferma Poldo.

«Vorrei raccontare di me», interviene Tom. «È stata un'illuminazione, ma devo ammettere che ho sofferto molto. Quando sono entrato nella fessura della roccia, mi sentivo sicuro. Avevo visto tornare tutti voi sereni e non avevo motivo di preoccuparmi. Supero lo stretto cunicolo e vedo la grotta. Non ho tempo di osservare nulla, perché all'improvviso si para davanti a me un orso che mi è sembrato immenso. Ho avuto paura. Ma sono riuscito a dirgli: "Io sono Tom, e tu chi sei? Lasciami entrare". Ero deciso e arrogante, ma forse per voler ostentare una sicurezza che non avevo.

L'orso mi guarda torvo e mi dice: "Io ti conosco, sei un bassotto che è sempre stato viziato e sei presuntuoso. Ma so anche che hai già iniziato a modificarti. Vuoi tornare indietro o vuoi sottoporti alla prova della conoscenza.

Mi sembrava una prova incredibilmente stupida, ma ho detto che volevo affrontarla. Allora mi ha sollevato afferrandomi per il collo con le sue potenti mascelle. Io ho provato paura, ho cercato di divincolarmi, di morderlo. Ma ogni mia azione era vana, non otteneva nessun risultato. La paura era diventata terrore. Mi ha trasportato verso il fondo della grotta e mi ha infilato in una piccolissima gabbia. Non potevo muovermi. Mi sentivo i piedi bagnati e vedevo dell'acqua che saliva lentamente. Allora ho urlato: "Non sopporto l'acqua, sto male".

L'orso mi guarda e dice: "Lo so che ti dà noia e non la sopporti, per questo lascio che l'acqua salga lentamente".

"Per favore, smetti con l'acqua."

"Siamo solo all'inizio, provi sconforto e impotenza?" "Non so che cosa provo. Sto male."

L'acqua si fa fredda, e io tremo.

"Non sopporto il freddo, perché sei così cattivo con me?"

"Non sono cattivo con te, mi impongo a te. Conosco le tue

debolezze e ne approfitto! Ti voglio soltanto sottomettere."

"Ma io non merito questo trattamento; non ho mai fatto male a nessuno in vita mia!"

"Sei sicuro? Quando mi darai la giusta risposta, io ti dirò tre parole che dovranno regolare il tuo comportamento. Quando saranno tue, tutto finirà, ma solo allora."

Sento la rabbia crescere dentro di me; provo un enorme desiderio di mordere e mi scaglio contro la gabbia. La afferro con i denti. La mia rabbia cresce. Ma ogni mio sforzo è vano, la gabbia non cede. L'acqua mi raggiunge il torace e ho sempre più freddo. È strano, proprio mentre sto male la mia mente inizia a tranquillizzarsi. Capisco che mi sono sempre imposto agli altri, utilizzando le loro debolezze per inferiorizzarli e sottometterli.

Ho pensato a molte situazioni in cui sono stato arrogante e, per la prima volta, ho avvertito rimorso per il modo vigliacco in cui mi sono comportato. Ho provato affetto per tutti voi così come siete. Ho capito in quel momento che cosa vuol dire dare e non prendere. Imporsi, colpevolizzare, è prendere. Provare affetto e amore significa dare. Ho realmente capito il significato della frase che ci avevi detto: **non dobbiamo aver paura di dare. Dobbiamo aver paura di dare se vogliamo soltanto prendere. Il dare ci potrà ritornare. Prendere non potremo farlo per molto.**

Mi sono sentito tranquillo e in pace con me stesso. L'acqua ha smesso di salire, e allora ho detto all'orso:

"Grazie per questa prova cui mi hai sottoposto, la gabbia in cui mi hai messo è la mia aggressività da cui non si può uscire. L'acqua fredda che saliva era il mio modo di sfruttare le debolezze altrui per impormi".

L'orso mi guarda con aria bonaria e dice: "Tre parole sono ora in te: **accettare, aiutare e collaborare**, e tu sei libero di andare" e solleva la gabbia. Io, uscendo, strofino affettuosamente il muso sulla sua zampa e lo ringrazio per avermi liberato da me stesso. Ho capito che è stato necessario annullarmi per farmi rivivere.»

Poi Tom si rivolge verso Gino e, dimostrando reale interesse, domanda: «Qual è stata la tua esperienza?»

Le prove di Gino e Poldo
Trovare se stessi

«Tom, è davvero importante per te l'esperienza che ha fatto Gino?», chiede Barry.

«Sì! È strano, per la prima volta ho un reale desiderio di ascoltare Gino, e di condividere con lui i suoi successi e le sue difficoltà. È un'emozione che mi dà pace e serenità. L'aggressività che avevo mi trasmetteva rabbia e rancore. Ora mi domando perché si debba vivere in questo stato, quando è molto più facile vivere in armonia con gli altri.»

«Vivere in armonia», aggiunge Barry, «con chi ci circonda non è facile. È una conquista. È più semplice trovare negli altri gli aspetti negativi, è più facile criticare, ci riescono tutti, è una strada in discesa. Quando critichi, ti senti superiore. La cultura canina o umana ci ha da sempre abituati a concentrarci sugli aspetti negativi degli altri. Quando un comportamento diventa un'abitudine, diventa il proprio carattere e segnerà il proprio destino. Tu, Tom, stai orientando il tuo destino verso l'accettazione, la collaborazione e l'aiuto».

«Ma io devo questo mio cambiamento solo a te e all'orso.»

«No! Lo devi soltanto a te stesso. Sei tu che sei venuto da me, sei tu che hai sostenuto la prova. Io ti ho dato una scodella ma tu l'hai riempita con il tuo cibo! Ma sentiamo che cosa ha adesso da raccontarci Gino.»

Il molosso è seduto e con calma inizia a raccontare: «Quando sono entrato nella fessura, ho avuto un momento di disagio; mi dico che mi sto mettendo in una situazione che non conosco, che non sono un cane d'azione, che Barry mi ha spinto a fare queste prove, ma che le sto facendo per paura di apparire insicuro. Poi penso che tutti le hanno superate, mi devo tranquillizzare, e quasi senza accorgermene mi ritrovo improvvisamente nell'altra grotta. Ho visto, come Ula, il sentiero scavato nella roccia che andava verso l'alto. Mi stavo orientando, quando di colpo l'orso è sbucato dall'ombra. Si avvicinava a me molto lentamente. Mi stava minacciando, emetteva un rumore sordo. Vedevo i suoi denti aguzzi e le sue zampe con artigli che sembravano coltelli. È la mia ultima ora, mi vuole uccidere! Non avevo altro pensiero in testa. Ho iniziato a tremare e lentamente a retrocere. Mi sentivo abbaiare di terrore. Dietro di me c'é solo la parete di roccia, non posso più fuggire. Devo attaccare, non ho altra possibilità. Questo pensiero mi ha dato forza. Ho avvertito dentro di me la voglia di combattere, di affrontare l'orso. Ho iniziato a ringhiare e a prepararmi all'attacco. "Proverà il mio morso, sono un molosso!" mi dico, quando l'orso si ferma. Io inizio ad avanzare, sempre ringhiando; sono pronto a combattere.

Poi mi lancio. L'orso si gira rapidamente e si dà alla fuga. Per la prima volta in vita mia mi sono sentito deciso e sicuro. Sono passato all'azione. Poi l'orso si è fermato e mi ha urlato: "Bravo, ci sei riuscito, sono contento di te!"

"Ma se prima volevi farmi del male, se non uccidermi! Perché dici di essere contento di me?"

"Io non volevo uccidere il cane ma la sua insicurezza, la sua indecisione. Queste ora sono morte e tu, Gino, sei rinato."

Così dicendo l'orso mi si è avvicinato sorridendo.

"È vero, il solo fatto di decidere di attaccarti mi ha dato forza. L'azione è forza!"

"Tu hai fatto tue tre parole che d'ora in poi saranno stampate nella tua mente: **valutare, decidere e agire**."

"Non potevo fare diversamente, avevo la parete dietro e non potevo assolutamente più fuggire."

"Sì, ma non saresti riuscito a tirare fuori le tue capacità, se non le avessi avute già dentro di te. Sei tu che hai valutato il pericolo, hai deciso di affrontarlo e sei passato all'azione. Il tuo passato di indecisione è stato con te per molti anni, potevi rimanere immobile e aspettare che ti aggredissi. Hai dimostrato, non a me ma a te stesso, che puoi passare all'azione. Ciao, Gino!" e così dicendo si è allontanato verso il fondo della grotta. Ho continuato a guardarlo fin quando non è sparito nel buio.

Valutare, decidere e agire. Come mi è sembrato facile! Mi sono detto che forse non ho mai agito, perché così potevo lamentarmi dei miei problemi e trovare sempre una giustificazione alla mia passività. Mi sembra che sia trascorso molto tempo da quando tu, Barry, mi hai detto: "**Non metterti un marchio sulla spalla, può determinare il tuo destino**".

Ora sono qui con voi e, se qualche volta ritorno a essere il vecchio Gino che inizia a lamentarsi, ricordatemi le tre parole: valutare, decidere e agire».

«Ora tocca a te, Poldo; abbiamo visto tutti come sei cambiato», dice Barry.

«Quando sono entrato nella fessura della roccia, dopo Ula, ero molto spaventato. Tu avevi appena raccontato come una situazione può essere piacevole per un cane e pericolosa per un altro. Superato lo stretto passaggio, mi sono trovato nell'altra grotta. Era vuota e non vedevo nessuno. Sono rimasto fermo a guardarmi intorno, e più il tempo passava più l'ansia aumentava. Lentamente mi metto in movimento e inizio a esplorare la grotta. Arrivo verso il fondo e vedo chiaramente un sentiero, scavato nella parete, che sale verso l'alto e termina dove vi è una fessura nella roccia. Penso che sia il momento di ritornare indietro, quando sento una voce proveniente dall'alto che mi dice: "Poldo, ti sto aspettando, sali su per il sentiero". È strano come non abbia avuto paura. Mi aspettavo che succedesse qualche cosa. La voce è rassicurante e calma. L'ansia ha lasciato spazio alla curiosità. Inizio a salire per il ripido sentiero, arrivo in cima e la fessura nella roccia mi appare molto più grande di come mi sembrava dal basso. "Esci fuori, ti sto aspettando", mi chiama la voce. Entro nella fessura e dopo pochi metri mi si apre davanti un grande spiazzo. Vedo il cielo azzurro e il sole mi abbaglia. "Sono qui!" Sento la voce arrivare da destra; mi giro e vedo un grande orso dall'aria bonaria. "Perché mi stavi aspettando?", gli domando.

"Perché voglio farti vedere tutto dall'alto. Vieni con me", e inizia a muoversi verso il ciglio del grande spiazzo. Arrivati al termine dello spiazzo, vedo in basso una grande valle, vi è un fiume. Vi sono catene di montagne imbiancate di neve. Mi dà un senso di pace e di tranquillità. Mi sento sereno. Avverto di essere parte del tutto, è come se mi stessi unendo e fondendo con il cielo, il sole e la terra. L'orso tace, rispettoso del mio stato di meditazione.

"So che cosa stai provando", dice l'orso.

"Come fai a saperlo? È una sensazione che non riesco a capire, mi sento in pace con me stesso."

"Ora tu stai guardando tutto dall'alto e con occhi nuovi. Nel guardare non usi il filtro della tua insicurezza, della tua passività. Ma osservi come realmente sono le cose."

"Ma io non ho fatto nessuna fatica per vedere così il tutto." "Non è vero. Tu hai iniziato un percorso per modificarti, per diventare più sicuro e non subire più gli altri. Vuoi imparare ad affermare te stesso e non annullarti di fronte agli altri cani o umani, vero?"

"Sì, sono stufo di subire, di sentirmi inferiore e diverso." "Ora ti sei sentito parte della natura invece di sentirti diverso, non è vero?"

"Mi è sembrato facile, naturale."

"Ti è sembrato facile perché non è stata la paura a guidarti, ma la curiosità e l'interesse. Avresti potuto dirti: 'Mi troverò in una situazione pericolosa, non sarò in grado di gestirmi'. Avresti potuto continuare a pensare in modo negativo. Ma non l'hai fatto. Questa era una prima prova: vedere tutto dall'alto, diventare parte del tutto e non sentirti superiore o inferiore. Ora vieni con me verso quel masso."

L'orso si indirizza verso un grande masso posto al centro dello spiazzo. "La seconda prova è spostare il masso. Prova a farlo."
"Impossibile, troppo grosso!" "Prova ugualmente".
Spingo con tutte le mie forze, ma il masso non si muove.
"Continua con tutte le tue forze".
Mi impegno al massimo,

sudo e sono stanco ma il masso continua a non muoversi.

"Ripeti la frase: **mi aspetto che gli altri siano diversi.**" Io ripeto la frase e vedo apparire sulla roccia l'immagine del mio padrone, poi Tom e tutti i cani e umani che con il loro comportamento aggressivo mi hanno fatto stare male. Capisco. L'aggressivo è come la roccia, non è possibile spostarlo neanche di poco. Io ho sempre pensato che loro dovessero essere diversi; quale errore ho commesso! Ora mi sono chiare le due frasi che Barry mi disse quando andai a trovarlo, perché avevo deciso di non continuare con voi. Non accettavo il comportamento di Tom e lo subivo. Allora non ero in grado di capire ciò che Barry mi disse: che non è possibile cambiare gli altri. Si può stare male nel volerli diversi. E di non centrare la mia attenzione sugli aspetti negativi degli altri, perché sviluppa solo frustrazione e rabbia. E non aiuta certo a diventare più sereni.

"Tu non hai commesso nessun errore. Non avevi gli strumenti per interpretare correttamente la situazione. Ripeti quest'altra frase; se nel dirla sarai convinto, assisterai a un cambiamento. Guarda il masso e spingilo dicendo: **io affermo me stesso e nessuno ha potere su di me!**" Ripeto la frase con tutta la convinzione possibile e immediatamente il grande masso si fa piccolo, diventa quasi un sassolino e rotola via. Ero io che vedevo il masso tanto grosso! Gli avevo attribuito un peso enorme.

"Vai, Poldo, adesso hai imparato a dare il giusto peso a cani e umani. Ora tu sei in grado di capire il comportamento altrui e di non subirlo; hai imparato ad affermare te stesso e a far valere il tuo punto di vista. Sei libero dal tuo passato! Tieni sempre a mente queste tre parole: **volere, affermare e rispettare se stessi.**»

Barry appare soddisfatto e rivolgendosi ai suoi amici dice: «Sono consapevole che voi tutti vi siete impegnati per riuscire a modificarvi. Avete affrontato prove difficili che vi hanno modificato. Avete capito, attraverso l'esperienza, che la vera libertà è dentro di noi e che nessuno avrà il potere di togliervela. Sono orgoglioso di voi! Ma è ora di avviarci fuori dalla grotta, si sta facendo notte. Qui fuori potremo trovare delle bacche da mangiare e dormiremo lì vicino. Domani all'alba torneremo al mio canile». E si dirige verso l'uscita.

Appena usciti, Barry li conduce in una boscaglia colma di succulente bacche. I cani sono molto affamati e iniziano a cibarsene. Dopo alcuni minuti Barry dice: «Per la notte possiamo riposarci qui, sotto questi alberelli, e domani tutti a casa!»

Il ritorno all'albero
Liberi dai guinzagli

I cani si svegliano ai primi raggi del sole. È una bellissima giornata, il cielo è terso, l'aria fresca e stimolante. Prima di ripartire per il canile di Barry, vanno a mangiare un po' di bacche che li nutrono e dissetano. Poi si incamminano sulla via del ritorno. Come sempre, Barry è il primo. Arrivano rapidamente allo spiazzo dove Barry fece la sua prova, e che ora i cani chiamano lo spazio del nulla. Quando lo raggiungono, Ula dice: «Mi sarebbe piaciuto conoscere l'orso che ti ha fatto fare le prove del nulla. Doveva essere un tipo simpatico».

«Hai ragione, Ula», risponde Barry e continua: «Andai a trovare l'orso ancora altre volte. Era sempre allegro e disposto ad ascoltarmi. Ma io ero più interessato a sapere da lui come affrontava le situazioni difficili. Sapevo che spesso gli orsi venivano uccisi dagli umani e che il cibo scarseggiava. Ma non lo sentii mai lamentarsi o compiangersi.

Gli chiesi come potesse continuare a essere allegro e positivo. Allora l'orso iniziò a raccontarmi la sua storia: "Quando ero cucciolo, mi sentivo diverso dagli altri orsi. Avevo dei momenti in cui mi chiudevo in me stesso e mi isolavo. Vedevo gli altri diversi da me, li ritenevo superficiali, perché pensavano soltanto a divertirsi e a mangiare. Mi sembrava che la loro vita fosse vuota e inutile. Loro erano in grado di divertirsi con poco. Era sufficiente che trovassero del buon cibo per essere contenti. Se era una bella giornata, si crogiolavano al sole. Si divertivano anche quando arrivava la prima neve.

Io crescevo con la convinzione che la loro superficialità fosse una loro debolezza. Ma non riuscivo a trovare soddisfazione nelle cose che facevo. Mangiavo perché mi era necessario, esploravo il territorio perché mi era stato detto da mia madre di farlo. Ma non provavo realmente passione per ciò che facevo. Avevo in me due persone, una che mi diceva: 'Fai quella cosa o quell'altra' e l'altra: 'Fai pure quella cosa ma tanto non è questa la vita. La vita è qualcosa d'altro'. Ma non riuscivo a trovare questo *altro*".

Poi un giorno, ed ero già adulto, incontrai un giovane lupo cui era morta la madre. Il padre non lo conosceva. Era spensierato e allegro. Io gli domandai che motivo avesse di essere allegro. Il lupetto mi disse che era semplicemente allegro, ma senza un motivo. "Ma se non hai più nessuno, come fai a essere allegro?", gli domandai. "Non è vero che sono solo", rispose il lupetto e continuò: "io ho sempre con me l'eredità che mi lasciò mia madre."

"Ma quale eredità può averti lasciato, che sia così importante da farti stare bene e vivere allegramente?", gli domandai, curioso.

Il lupetto, sempre sorridente, mi disse: "Mia madre, ogni volta che mi preoccupavo per qualcosa o ero semplicemente triste, mi diceva una frase che ora porto sempre in me. Mi è di grande aiuto nei momenti difficili. Ora fa parte di me. I momenti difficili mi servono soltanto per verificare la mia convinzione nella frase che mia madre mi disse. Più ne sono convinto, meno le difficoltà che penso di dover affrontare mi rovinano il momento in cui vivo, cioè il presente".

"Mi dici questa frase?", gli chiedo, sempre più incuriosito.

"Posso anche dirtela, ma tu devi farla tua. Devi accettarla. Se, quando te la dirò, tu non aprirai il tuo cuore e anzi ti porrai in modo critico, la frase non avrà nessun effetto su di te. La frase è semplice, difficile è farla propria. Mia madre mi disse: **vivi con ciò che hai. Non rovinarti la vita con ciò che vorresti avere.**"

Non replicai, capii che stava a me accettare la frase, e con il tempo la feci mia. Capii anche che solo accettandola completamente avrei potuto impegnarmi realmente in tutto ciò che facevo, avrei potuto mettere passione nelle mie attività, anche quella di andare a esplorare. Mi servì per diventare più curioso e realmente interessato alle cose o agli animali. Riuscii a pulire la mia mente sempre occupata da pensieri inutili!

Sì, era realmente un orso simpatico. Per me non fu difficile accettare la frase, io ci credevo! Ma ora torniamo al mio canile. Arriveremo prima di mezzogiorno, in tempo per mangiare. Ci aspettano ciotole di buon cibo».

E si mettono in cammino.

Arrivano al canile. Hanno tutti appetito e si dirigono rapidamente verso il cibo. Mangiano a volontà e poi si dissetano.

«Ora possiamo riposarci per un po', poi andremo a ritrovare il grande e vecchio albero con cui vi siete già confrontati.»

Dopo un paio di ore di riposo, Barry dice: «Andiamo a trovare il vecchio albero per una semplice verifica». Barry si avvia verso l'albero, seguito dai suoi amici.

I quattro cani si siedono davanti all'albero, mentre Barry si siede dietro di loro.

I cani chiudono gli occhi come al primo incontro con l'albero. I loro musi sono tranquilli e sereni. Sembra che non percepiscano il passare del tempo. Una lieve brezza fa ondeggiare le foglie degli alberi. Dopo un po' di tempo tutti i cani iniziano a dondolare lievemente il capo, quasi fossero parte dei rami e delle foglie. Stanno ondeggiando tutti insieme, in sintonia con il respiro dell'albero.

Sembra addirittura che vogliano rimanere per sempre in questo stato di serenità e calma. Dopo circa un'ora, Barry li richiama dal loro stato di trance. «Aprite gli occhi», dice con voce calma e profonda.

Tutti aprono gli occhi e si vede sui loro musi lo stupore, paiono disorientati. «È stata un'esperienza molto diversa da quella della prima volta, non è vero?», domanda Barry.

«Sì, è stato molto diverso», rispondono tutti i cani insieme.

«Inizia tu a raccontare, Tom», dice Barry.

Tom inizia a raccontare: «Appena ho chiuso gli occhi e ho lasciato la mente aperta, non avevo pregiudizi e volevo soltanto ascoltare l'albero. In un primo momento ho avvertito pace e tranquillità, ma non era a causa dell'ambiente, quelle sensazioni arrivavano da dentro di me. Ero io tranquillo e in pace. Ho capito che la vera calma arriva da noi e non soltanto dall'ambiente. Poi, l'albero ha iniziato a parlarmi: "Ora la tua strada non va più nella direzione del pozzo. Ti sei alleggerito di un grande fardello: l'arroganza e la presunzione. Sei stato bravo, è un fardello che non è facile abbandonare e tu ci sei riuscito". Appena l'albero ha smesso di parlare ho percepito il movimento delle foglie e mi sono trovato a muovermi con loro. Mi sono sentito parte del tutto; ho percepito anche la presenza dei miei amici. E ho avvertito in me il calore dell'amicizia e dell'unione. Mi sono sentito parte di loro. È stata per me un'esperienza bellissima. Ho capito che cosa vuol dire sentire il calore che ci dà l'amicizia.

Poi l'albero ha ripreso a parlarmi e mi ha detto: "Tom, la tua strada ti sta portando verso il sole e la luce. Sono convinto che non la perderai, perché, una volta trovata, non è possibile perderla: molta luce la illumina". Poi mi sono destato, forse avrei voluto continuare a stare in questo stato, ma mi sono detto: "Lo stato di benessere è in ogni momento e in ogni azione che compio. Va oltre questo momento e si allarga a tutto ciò che mi circonda"». Tom tace e guarda con nuovo interesse i suoi amici.

Ora è Ula a parlare, e dice: «Ho chiuso gli occhi e subito ho sentito una lieve brezza che mi stava accarezzando. Ho sentito le foglie che si muovevano e mi è venuto da sorridere, perché mi sono vista dall'alto come ero prima, quando ero così impulsiva da arrabbiarmi per un nonnulla. Mi è sembrato di osservare un altro cane, che non ero più io. Ho capito a fondo il primo messaggio che mi aveva trasmesso l'albero, quando mi ero vista girare sempre in tondo, senza potermi fermare, con un masso sulla schiena. Ho capito che il mio precedente comportamento non aveva via di uscita, come un moto circolare che non ha mai un punto di arrivo. Non si può arrivare da nessuna parte quando si continua a girare in tondo. Ho visto la sequenza delle mie reazioni: mi arrabbiavo e la colpa era dell'altro e quindi era giusto che mi arrabbiassi. E così ripartiva un altro giro. Vedevo come con il tempo i giri diventavano sempre più veloci. Ho capito che non avrei avuto scampo, che mi sarei bloccata e alla fine mi sarei isolata dal mondo e dagli altri. Ho percepito la presenza degli altri e mi sono sentita unita a loro. Sentivo il loro lieve dondolarsi guidato dalle foglie dell'albero e mi sono adeguata. A questo punto l'albero mi ha parlato e mi ha detto: "Amica Ula, porta sempre con te la tua abilità nel vederti dall'alto e ridere di te stessa. Hai imparato a sorridere vedendo il tuo comportamento passato; vuol dire che hai gettato lontano da te il masso che avevi sulle spalle. Ti saluto con gioia". Avevo già visto il mio atteggiamento quando ero nella grotta con l'orso, ma ora è stato diverso, l'ho rivisto e mi è venuto da sorridere. Ho capito che non mi appartiene più».

«Che cosa ci dici, Poldo?», domanda Barry.

«È stata un'esperienza piena di luce. Sì, ho rivisto il bosco che l'albero mi aveva fatto vedere. Ma questa volta era illuminato dai raggi del sole. Io camminavo nel bosco senza una meta. Mi guardavo intorno e vedevo degli scoiattoli che si arrampicavano su un albero. E li salutavo. Poi vedevo in lontananza una volpe, che si fermava, mi guardava e sembrava aspettarmi. Io mi avvicinavo e lei mi diceva: "Sono contenta di vederti qui, Poldo. So che hai dovuto percorrere molta strada per arrivare al bosco pieno di luce e non è stato facile per te. Ora sei qui e tutti noi, gli animali del bosco, ti siamo amici. Sappiamo che sei un cane che capisce gli altri animali e sei sempre pronto ad aiutare quando se ne presenta l'occasione. Hai annullato tutte le barriere che facevano di te un cane timido e diffidente. Ora tu sei realmente Poldo, l'amico".

Poi rapidamente la volpe si allontanava verso il folto della foresta. Io provavo un senso di profondo benessere e mi sentivo allegro. Il bosco è scomparso, ho sentito le foglie dell'albero che si stavano muovendo alla leggera brezza del vento e mi sono unito alle foglie, muovendomi con loro. Provo una sensazione di affetto e amore per ciò che mi circonda e mi risveglio.»

Ora è Gino a parlare: «Appena ho chiuso gli occhi, mi sono rivisto mentre mettevo in fuga l'orso. Ne ho ricavato subito un senso di forza e di determinazione, quella di essere veramente un altro cane. Non più il Gino che si lamenta e annoia gli altri, ma prima degli altri annoia se stesso. Poi l'albero mi ha parlato: "Ora tu, Gino, hai realmente capito che cosa vuol dire la frase: **non attribuirti più valore di quello che già hai.** Ora tu sai quanto vali e il tuo percorso di vita non sarà più guidato dal timore e dalla fuga dalle situazioni che ritieni difficili. Hai capito che cosa vuol dire essere, passare all'azione, non piangersi addosso. Ora tu sai che cosa sei!". L'albero smette di parlarmi, ma le sue foglie mi dicono di muovermi con loro, al loro ritmo. Mi dicono di entrare in sintonia con loro e di unirmi a tutti voi. Vi percepisco mentre vi state muovendo lentamente. Non mi sento diverso da voi, come mi era sempre successo. Sono come Tom, Ula e Poldo, ma con la mia individualità. Poi apro gli occhi e continuo a sentirmi forte e sicuro».

Barry guarda i suoi amici e rivolgendosi a loro dice: «Con percorsi diversi siete arrivati tutti allo stesso punto. Vi siete alleggeriti tutti del vostro passato e d'ora in poi il vostro destino sarà diverso. Prima di lasciarci, vedremo insieme come avete fatto vostri tutti i principi del "Vivere Bene". Andiamo ora a mangiare e a bere; forse non ve ne siete accorti, ma avete trascorso con l'albero più di due ore. Ora ritorniamo al mio canile e nutriamoci».

Il "Vivere Bene"

Dopo aver mangiato della succulenta carne e aver bevuto fino a dissetarsi, Barry si rivolge loro dicendo: «Avete compiuto esperienze che vi hanno modificato. All'inizio non vi sarà stato facile. Buttare via una vecchia abitudine, anche se non è buona, può essere difficile. È come staccare una parte di noi stessi cui siamo assuefatti. È diventata una nostra seconda pelle. Se vogliamo riuscire a cambiarla, è necessario essere consapevoli che si ha bisogno degli altri. Quindi è opportuno ricordarsi che: **soltanto tu potrai farcela, ma non da solo**. Avete sperimentato, stando davanti all'albero, come a un certo momento tutti voi avete iniziato a muovere il capo lentamente. Avete condiviso le stesse esperienze che hanno fatto di voi un gruppo. E il gruppo è in grado di muoversi come fosse un tutt'uno. Il gruppo sviluppa forza e dà sicurezza. Sicurezza che deriva dal poter contare realmente sugli altri; ma per poterlo fare è necessario imparare a dare. Ciò che avete imparato può essere dato agli altri, ma soltanto quando ne fanno richiesta. Volerlo dare senza una chiara richiesta è decidere che cosa sia bene o male per un altro, e questo non possiamo farlo. Siete d'accordo?»

«Sì», rispondono i cani. E Tom aggiunge: «Commetterei lo stesso errore che ho sempre fatto, essere presuntuoso. È come dirsi: "Io so qual è la strada per vivere bene e tu devi vederla. Se non la vedi è perché non sei motivato a cambiare e forse sei anche un po' stupido. Io ti sto dando una grande opportunità e tu non sei in grado di coglierla". Sarei stato presuntoso e anche arrogante, quindi non presenterei la strada del "vivere bene" ma la strada della mia superbia».

«Molto bene, Tom. Hai colto che l'essenza della strada del "vivere bene" è percorrerla e non volerla mostrare. Nel percorrerla, gli altri potranno desiderare di accostarsi a te. Tu sarai soddisfatto nel fare il percorso insieme. Come comportarsi, se l'altro deciderà di non continuare la strada con noi? Che cosa mi dici in proposito, Ula?»

«Accetterò il suo punto di vista e lo rispetterò. Non dirò: "Se percorri un'altra strada ti rovinerai". Perché, se ha scelto un altro percorso, forse posso chiedermi se l'ho realmente aiutato mentre era con me sulla mia strada. Se gli ho dato gli strumenti per camminare con me, per stare al mio fianco.»

«Bene, Ula, ma quali strumenti avresti dovuto dargli?», domanda subito Barry.

«Ripensandoci non avrei dovuto dargli degli strumenti, ma avrei dovuto essere io lo strumento.»

«È vero, siamo noi lo strumento. Quale errore commettiamo se pensiamo di dover consegnare agli altri degli strumenti? Me lo dici tu, Poldo?»

«Dare a qualcuno semplicemente degli strumenti non ci fa sentire responsabili del suo eventuale fallimento. Perché ci diciamo: "Io gli ho fatto vedere come si fa, ma lui non ha imparato. Io, il mio compito, l'ho assolto". Così facendo abbiamo giustificato il suo fallimento, o forse è meglio dire il nostro fallimento.»

Barry continua: «Sono d'accordo; ma se noi siamo lo strumento, come dobbiamo essere? Me lo dici tu, Gino?»

«Posso ancora dire che cosa ho imparato da te. Non tanto dalle tue parole ma soprattutto dal tuo comportamento. È un po' difficile individuare che cosa sa fare un buono strumento, sono davvero tante le cose.»

«Hai ragione, non è facile farne un elenco, anche perché un lungo elenco ci fa perdere facilmente di vista l'essenziale. Che cosa ne dici, Gino?»

«Sì, il rischio è di confonderci. Si potrebbe etichettare tutta una serie di azioni che un buono strumento sa compiere. Non giudicare, accettare l'altro, valutare le sue reali abilità, capire i suoi bisogni, incoraggiarlo nel raggiungere i suoi obiettivi, aiutarlo nelle ricadute. Se ci penso, mi vengono in mente altre etichette che possono essere messe sullo strumento. Ma mi sembra che sarebbe meglio trovarne poche, che possano essere realmente di aiuto.»

«Ora tu, Gino, stai meglio con te stesso; lo sai, il perché?»

«Sto meglio perché ho allontanato da me l'insicurezza, la paura di sbagliare, il senso di indolenza, e ho smesso di lamentarmi. Mi è stato utile quello che mi hai detto la prima volta: **non metterti un marchio sulla spalla, può determinare il tuo destino**. Mi ha fatto pensare. Poi le prove successive mi hanno fatto capire che potevo essere diverso.»

«Scusa, Gino, ma che cosa vuol dire che ti hanno fatto capire che potevi essere diverso?», domanda Barry.

«Sì, è vero, ho capito di essere diverso, non che potevo esserlo. Mi sono sentito diverso.»

«So che ti sei sentito più libero, più sicuro. E sentirti in questo modo ti ha dato davvero tanta gioia e allegria, non è vero?», domanda Barry.

«Sì, mi sono sentito allegro, positivo, ora mi sento più interessato agli altri, provo il desiderio di dare me stesso.»

«A questo punto, possiamo dire che sono tre gli elementi, e che uno genera l'altro. La positività genera interesse per l'altro, l'interesse suscita il desiderio di dare e, a sua volta, il dare se stessi potenzia l'essere positivo. Un cane positivo sta bene con se stesso, non ha certo bisogno che un altro glielo riconosca. Non si può essere più o meno positivi in funzione del comportamento dell'altro, lo si è e basta. Sono queste le qualità più importanti che descrivono un buono strumento, cioè noi stessi: essere positivo, capace di provare interesse per gli altri, in quanto cani o umani, per quello che sono in se stessi e non per ciò che a loro si attribuisce. Se così non è, sapete tutti in quale errore si incorre; voi sapete quale. Che cosa ne dici, Tom?»

«Vorrebbe dire dipendere dagli altri. Attribuire agli altri il nostro benessere o malessere. Quindi non essere positivi!»

Barry continua, dicendo: «Vi sono altri ostacoli che non permettono di essere positivi? Che cosa ci dici, Ula?»

«Penso che vi siano molti ostacoli, ma anche che è necessario essere in grado di vederli. È più facile sbatterci contro che superarli. Spesso non si vedono, perché nessuno ce li fa vedere o perché siamo noi a non aver voglia di vederli.»

«È vero, non è facile vedere gli ostacoli, anche perché spesso non li si considera tali. Se un cane è presuntuoso, non vede la propria presunzione come un ostacolo, non la vede in se stesso, perché si prende sul serio. Anche un cane invidioso troverà sempre una giustificazione alla propria invidia. Ma, secondo voi, quali possono essere i segnali che ci dicono che ci stiamo allontanando dalla strada del "Vivere Bene"? Che cosa ci dici, Ula?»

«Io ho le mie parole, che mi sono state dette dall'orso e sono: Ascolto, capisco e tollero. Sono diventate mie, l'esperienza che ho fatto mi ha fatto capire che, se non le faccio mie, ritorno per la strada precedente. E so che anche gli altri cani hanno le loro parole. Sono i segnali per riuscire a rimanere sulla strada del "Vivere Bene".»

«So che l'esperienza della grotta vi è servita per avere sempre con voi le frasi che sono diventate i vostri segnali. Ora, se io vi dicessi di non dimenticarli, che cosa mi rispondereste? Me lo puoi dire, Poldo?»

«Perché lo vuoi sapere, Barry?»

«Perché voglio sentire se hai realmente capito.»

«Capisco il tuo desiderio, ma la tua è una richiesta che si annulla da sé. E non è bene che io ti assecondi.»

«Ma non ti sembra di diventare aggressivo?», replica Barry in tono scherzoso.

«È un tuo diritto fare una richiesta, ma è un mio diritto rifiutare», afferma con vigore Poldo.

Barry esplode in una sonora risata e dice: «Mi fa piacere vederti così sicuro e resistere alle provocazioni. Sono consapevole che la frase : "Non dimenticate i vostri segnali" sia inutile. Ed è anche inutile dare la risposta, perché, se un cane pensa che gli sia utile farsi raccomandare di ricordare, significa che non ha capito che non si può dimenticare l'esperienza che si è fatta propria. Sarà difficile per voi dimenticare le esperienze vissute insieme, ricche di emozioni e di pensieri, non certamente perché io vi dico di ricordarle, ma perché quelle esperienze vi hanno profondamente trasformato.

Ora la strada del "Vivere Bene" è vostra. Scusate se ho dato un'etichetta alla strada, avrei potuto anche chiamarla la "Strada dell'"assertività" o la "Strada Positiva", ma sono solo e sempre etichette. A questo punto non vi è più bisogno per voi di una strada, perché, in qualunque luogo siate e con qualunque cane o umano siate, non vi perderete. Non potrete farlo, perché ognuno di voi *è* la strada!»

Barry dice queste ultime parole con profonda convinzione. Sa che tutti i cani si sono impegnati e ciò che hanno vissuto è diventato parte di loro. La strada è, per ciascuno, in se stesso, e non un percorso su cui camminare.

Ora Barry guarda con affetto i suoi amici. «È stato un grande piacere condividere con voi questa esperienza. Mi avete reso più ricco ed è una ricchezza che nessuno potrà portarmi via. Sono convinto che ci rivedremo e, se non ora, ci ritroveremo tutti insieme con il grande Max. Riprenderemo a correre sulle montagne e a mangiare le buone bacche.»

Poi Barry si avvicina ai suoi amici e strofina il suo grande muso prima su quello di Tom, poi su quelli di Ula e Poldo e infine su quello di Gino. Tutti lo guardano attentamente e abbassano il capo. È il loro modo di riconoscere in lui il loro maestro. Un maestro che non ha mai voluto esserlo. Senza dire nulla, si allontanano lentamente; ancora un fugace sguardo in direzione di Barry che, immobile, li sta osservando. Poi si mettono a correre verso le loro case. Ed è l'inizio delle loro storie.

BARRY E LA STRADA DEL "VIVERE BENE"

Indice

Prefazione — 5
L'amico Barry è con noi — 15
Incontro con Barry *"L'accettazione e il giudizio"* — 17
Fare domande *"L'ascolto e la critica"* — 23
Abbiamo due orecchie *"La paura di dare"* — 33
Poldo torna da Barry *"La lamentela"* — 43
La mela marcia *"La presunzione"* — 49
La catena *"Dovere e fiducia"* — 55
L'albero parlante *"L'aspettativa"* — 65
Le buche *"Azione e direzione"* — 73
Il bastone nascosto - *"La corretta opposizione"* — 81
Il lago *"La conoscenza non basta"* — 89
Lia, la cerva gentile *"La ricerca del potere"* — 97
Il masso *"Imparare a condividere"* — 103
Il grande pesce *"La paura di perdere non fa vivere"* — 113
Sulla strada del ritorno *"I pensieri sono pensieri"* — 121
L'osso non c'è più *"Il possesso e la perdita"* — 129
La miniera *"Controllare la paura"* — 137
Il pozzo dei misteri *"Saper decidere"* — 143
La montagna *"Accettare il "No!""* — 153
Il nulla *"Gestire la frustrazione"* — 161
La grotta *"Liberarsi dal passato"* — 167
Le prove di Ula e Tom *"Trovare se stessi"* — 173
Le prove di Gino e Poldo *"Trovare se stessi"* — 181
Il ritorno all'albero *"Liberi dai guinzagli"* — 189
Il *"Vivere Bene"* — 197

Altri libri dello stesso autore

Piacersi non piacere
1° Edizione – Anno 1987

Vivere con serenità i nostri rapporti con gli altri significa comportarsi con l'equilibrio di chi non subisce e non aggredisce. Piacersi non piacere aiuta a cercare e a realizzare questo equilibrio su noi stessi con semplicità nella vita di tutti i giorni, analizzando le piccole difficoltà dei rapporti quotidiani per risolverle o ridimensionarle. Un libro gradevole e vivace, lontano da ogni pedanteria. Un aiuto a crescere per i giovani, a emergere in mezzo agli altri per i timidi, a imparare a sorridere per gli aggressivi.

Piacersi non piacere è stato un libro fortunato, un long seller che continua a vendersi tuttora, in Italia e all'estero, e questo è uno dei motivi per cui, a trent'anni dalla sua 1° edizione, uscirà a breve la versione in lingua inglese.

Ricomincia da te
1° Edizione – Anno 2003

Sei ansioso, soffri di fobie, hai delle manie? Sai cos'è un attacco di panico?
Questi sono i malesseri della nostra vita quotidiana. Ognuno di noi li ha provati e, forse, qualcuno, ha già provato a vincere i propri disagi ma la delusione della sconfitta lo ha sopraffatto...

Questo libro ha lo scopo di aiutarci a eliminarli con il metodo giusto.
Molti test pratici, numerosi esempi e situazioni, frutto dell'esperienza diretta dell'autore, ne fanno un manuale "pronto all'uso" semplice e immediato. Con una lettura piacevole e accessibile, impareremo quali sono gli strumenti e le tecniche giuste per superare crisi di panico, agorafobia, ansie sociali, ossessioni e compulsioni.
Così potremo vivere meglio con noi stessi e, liberi da condizionamenti, il nostro rapporto con gli altri cambierà!

Così non mi piaccio – La terapia dell'umorismo
1° Edizione – Anno 2005

Perché, rispetto allo stesso problema, io ho paura e tu no?
Perché, dopo un incidente d'auto, tu riprendi subito a guidare e io non riesco più a prendere il volante?
Perché io sono riuscito a superare le mie crisi di panico e tu, invece, soffri anche di agorafobia?
In questo libro si evidenzia l'importanza dell'umorismo per affrontare con un atteggiamento positivo situazioni che generano paura, ansia, fobie, ossessioni e stress. Impareremo a sviluppare e mantenere il buonumore, come stare male e come uscirne, impiegando programmi cognitivo comportamentali di provata efficacia.
Dunque, partiamo subito, perché oggi, così, non mi piaccio. Ma domani SI!

Il problema non è mio è tuo
1° Edizione – Anno 2006

Un piccolo classico della psicologia che viene incontro ad alcune questioni fondamentali: "È possibile diventare persone positive?", "Quali obiettivi mi devo porre e come?"
Grande ironia (e autoironia) e non pochi consigli "pratici" per stare meglio con se stessi e con gli altri, rispondendo a domande come: "Per quanto tempo si può star male per la perdita del lavoro, del denaro o di un affetto?", oppure "Perché è importante ironizzare?"
E sempre in chiave ironica e propositiva: "Come creare problemi ai figli", "Come far soffrire il partner", "Come far soffrire i collaboratori" ma, soprattutto, un libro che insegna come tradurre in pratica, in abitudini e comportamenti, la positività che possediamo.

52 Pensieri per volersi bene
1° Edizione – Anno 2009

Perché 52 pensieri per volersi bene? Perché i nostri pensieri possono diventare nostri nemici o nostri amici: sta a noi indirizzarli verso la positività. Per muoverci verso questo obiettivo è necessario centrare l'attenzione su noi stessi e i 52 pensieri indicano le aree su cui dobbiamo esercitarci.
Un meditato e facile strumento per modificare il nostro dialogo interno, un esercizio per riuscire a sorridere di noi stessi e non prenderci troppo sul serio.

Attacchi di panico. Come uscirne
La potenza delle Terapia Cognitivo Comportamentale
1° Edizione – Anno 2017

Chi soffre di attacchi di panico e/o di agorafobia, ha sempre molti dubbi, incertezze e molte domande a cui non sa dare una risposta.

In questo libro, tramite il racconto della propria storia "personale", insieme a quello di tante altre storie di pazienti, seguiti nell'arco di una carriera ormai trentennale, l'Autore ci svela, passo dopo passo, la potenza e l'efficacia della Terapia Cognitivo Comportamentale come percorso per vincere le proprie paure.

Cominciando ad accettare il problema, impareremo a definire gli obiettivi da raggiungere e i vantaggi che ne ricaveremo, a gestire le crisi di panico e a mantenere un buon livello d'umore sviluppando i pensieri positivi.

Con un linguaggio semplice e comprensibile l'Autore ci spiega tutte le tecniche e gli esercizi da porre in atto per superare il panico, non facendoci più sentire isolati e diversi, ma facendoci capire che l'ansia è una condizione da cui si può uscire per tornare a riappropriarci della nostra vita.